인류가 거래한 상품으로 읽는
세계의 역사, 문화, 예술 교류 이야기

세계로 한발짝
상품 속 세계사

초판 1쇄 발행 2020년 2월 1일
초판 4쇄 발행 2024년 6월 3일

글 심중수 그림 이현정
펴낸곳 도서출판 봄볕 **펴낸이** 권은수 **편집** 김경란 **디자인** 이하나 **마케팅** 성진숙
등록번호 제25100-2015-000031호 **등록일** 2015년 4월 23일
주소 서울특별시 서대문구 서소문로 37 1406호 (합동, 충정로대우디오빌)
전화 02-6375-1849 **팩스** 02-6499-1849
전자우편 springsunshine@naver.com **블로그** http://blog.naver.com/springsunshine
스마트스토어 https://smartstore.naver.com/shinybook
인스타그램 @springsunshine0423
ISBN 979-11-86979-98-3 73900

＊사진을 제공해 주시고 게재를 허락해 주신 분들께 감사드립니다. 일부 저작권을 찾지 못한
　사진에 대해서는 확인되는 대로 정해진 절차에 따라 사용료를 지불하겠습니다.

- 책값은 뒤표지에 적혀 있습니다. • 봄볕은 올마이키즈와 함께 어린이를 후원합니다.
- 이 책은 콩기름을 이용한 친환경 방식으로 인쇄했습니다.
- KC마크는 이 제품이 공통안전기준에 적합함을 의미합니다.
- 이 책은 저작권법에 따라 보호받는 저작물이므로 무단 전재와 복제를 금합니다.

인류가 거래한 상품으로 읽는
세계의 역사, 문화, 예술 교류 이야기

상품 속
세계사

글 심중수 그림 이현정

글쓴이의 말

교류의 길에서 꿈을 그리다

'세계 상품'이라는 말을 들어 본 적이 있니? 세계적으로 히트한 상품을 가리키는 말이야. 예를 들어 우리 일상 속에 없어서는 안 될 생필품을 비롯해 휴대 전화나 노트북도 여기에 속하지. 선풍적인 인기를 끌었던 포켓몬 GO 게임도 세계인들이 즐기면서 사용하니까 세계 상품에 속할 수 있어.

요즘은 인터넷이 발달해 클릭 한 번이면 상품이 집 안까지 배달되는 세상이야. 외국에 있는 상품도 카드 결제로 손쉽게 살 수가 있지. 그렇다면 아주 오래전 옛 사람들은 필요한 물건을 어떻게 샀을까? 어떤 방법과 수단으로 거래가 이루어졌고, 어떤 경로를 거쳐 물건을 손에 넣을 수 있었을까? 이 책은 그 궁금증에서부터 시작해.

물건 사고파는 것을 우리는 '매매賣買'라고 해. 매매賣買라는 한자어에는 아주 재미있는 공통점이 있어. 팔 매賣, 살 매買 모두 조개 패貝자가 들어 있지. 옛날에는 바닷가에서 흔히 보는 조개가 바로 돈이었어. 깃털, 돌, 조개 등의 자연물을 화폐처럼 이용하다가 시대가 지나면서 오늘날의 화폐라는 상품으로 발전하게 된 거야.

이 책에서는 고대에서 현대까지 세계사를 이끈 중요한 상품에 관한 이야기를 다뤘어. 상품은 인류의 역사에서 정치, 경제, 문화가 담긴 살아 있는 화석과 같은 존재지. '세계 상품'이라고 부른 이유도 한 지역이 아닌 세계 곳곳에서 여전히 사랑받고 이용되기 때문이야.

세계가 교류했던 상품은 대부분 인류의 식탁을 책임진 맛, 인간의 본성인 아름다움, 전쟁과 혁명을 일으킨 자원과 관련이 있어. 상품은 단순한 물건이 아닌 사람의 마음을 움직이고 세계를 지탱하는 역동적인 힘이 있지. 이 책은 미래의 상품을 꿈꾸고 만들어 갈 너희들에게 더 넓은 꿈과 이상을 펼칠 수 있도록 도와줄 거야. 상품이 세상을 바꾸었듯, 너희들의 꿈이 세상을 바꾸고 세상을 이끌어 가는 힘이 될 거라 믿어.

심중수

글쓴이의 말 교류의 길에서 꿈을 그리다 4

1장. 상품으로 세상과 교류하다

1. 교류에 필요한 요소들 10
2. 교역의 첫걸음, 물물교환 15
3. 땅과 바다로 통하는 무역 길 18
4. 시장의 형성과 발달 20
5. 역사와 문화를 이해하는 지표 23

2장. 맛으로 세상의 길을 열다

1. 새하얀 보석, 소금 28
2. 달콤함에 가려진 진실, 설탕 42
3. 살롱 문화를 꽃피운 커피 56
4. 대중문화가 된 홍차 69
5. 인류의 식생활을 바꾼 향신료 85

3장. 아름다움으로 세상을 물들이다

1. 영원히 빛나는 꿈의 상징, 금 102
2. 약속의 가치를 판매한 다이아몬드 116
3. 동서 교류의 길을 연 비단 126
4. 동물들의 눈물로 만든 모피 136
5. 투기 광풍을 일으킨 튤립 146

4장. 혁명으로 세상을 바꾸다

1. 차갑고 강인한 철 158
2. 검은 다이아몬드, 석탄 169
3. 불타는 경제의 바다, 석유 177
4. 자본의 가치 척도가 된 화폐 196

나오는 말 서로 평등하게 교류할 수 있기를 213

1장
상품으로 세상과 교류하다

1. 교류에 필요한 요소들

'교류交流' 하면 어떤 생각이 떠오르니? '친구, 마음'이라는 단어가 먼저 생각난다고? 사람을 참 소중하게 여기는구나. '직류直流'가 머릿속에 떠오르는 친구들도 있을 거야. 기계나 과학을 좋아하는 친구들이지. 혹시 '문화, 상품'이라는 단어가 생각나는 친구는 없니? '문화 교류, 감정 교류'처럼 말이야. 서로 다른 것을 주고받으며 섞이거나 감정 따위가 통할 때도 '교류'라는 말을 사용하지.

세계의 역사는 교류의 역사였어. 다양한 문화와 상품이 서로 뒤섞이며 현재 진행형으로 펼쳐지고 있지. 그중에서도 상품은 인간의 경제적 본능을 대변하는 품목으로 교류사에서 중요한 위치를 차지하고 있어. 상품을 교류하기 위해서는 다양한 요소들이 필요해. 먼저 거래할 상품, 그리고 상품을 원하는 거래의 주체, 거래가 이루어지기 위한 장소, 상품을 손쉽게 이용할 거래 수단이 있어야 할 거야.

물건을 사고파는 것을 '매매'라고 해. 옛날에는 매매에 필요한 상품과 사고파는 사람의 합의만 있으면 거래가 가능했어. 세상이 발전하고 교통이 발달하면서 더 많은 상품이 생겨나기 시작했지. 각 지역 특산품을 모아 교류할 수 있는 장소도 형성되었어. 무엇보다 화폐와 같은 교환 수단을 이용해 물건을 사면 훨씬 편하게 거래할 수 있다는 것도 알게 되었어. 그런데 물건을 사고파는 일이 왜 중요한 걸까? 상품 교류는 어떻게 시작되었을까? 지금부터 천천히 그 의문을 하나씩 풀어가 볼게.

'사농공상士農工商'이라는 말이 있어. 고려와 조선 시대에 선비, 농민, 공장기술자, 상인을 직업에 따른 사회적 계급 순서대로 부른 말이야. 그런데 상인이 왜 제일 끝에 있을까?

옛날에는 철저한 신분제 사회였어. 선비들은 절대 권력을 가진 왕을 모시면서 나라 정책에 관여했어. 농민들은 식량을 생산하는 중요한 일을 담당했고 기술자들도 생활에 필요한 물건을 만들어 냄으로써 그 역할을 다했지. 하지만 상인들은 물건을 배달하고 차익을 남기는 일을 했기에 생산 가치 측면에서 그리 중요하지 않다고 생각

왕

선비

했던 것 같아.

　우리나라만 상업을 천하게 여겼던 건 아니야. 서양의 고대 문학 작품 중 호메로스의 《일리아드》와 《오디세이》에서도 상인은 천한 직업으로 등장해. 고대 그리스 철학자인 아리스토텔레스의 저서에도 땅을 소유한 농부가 최고 직업으로, 무역하는 사람과 노동자는 낮은 직업으로 묘사되어 있어. 그래서 상인의 신이었던 헤르메스 신은 도둑의 신이라 불리기도 했지. 고대 그리스에서도 상업은 그리 명예롭지 못한 일이었던 거야.

　그런데 사람들의 활동 범위가 점점 넓어지면서 세상에는 다양한 물건과 먹을거리가 존재한다는 것을 알게 되었어. 자신이 사는 지역에서 나지 않는 물건과 식료품을 접하게 되니 더 많이 가지고 싶고 더 먹고 싶은 욕심이 생겼던 거야. 새로운 것을 소유하는 방법은 두 가지였어. 무력으로 강제로 빼앗는 방법과 교류를 통해 서로 필요한 물건을 맞바꾸는 것이었지. 무엇이 더 좋은 방법일까? 당연히 두 번째 방법이 더 좋았겠지. 전쟁 없이 협상을 통해 필요한 물건을 손에 넣을 수 있다면 모두에게 좋으니까.

 우리나라 고전 소설 중에 머리를 잘 써서 돈을 많이 번 이야기가 있어. 18세기 조선의 실학자 박지원이 쓴 《허생전》이라는 작품이야. 글공부만 하던 선비 허생은 가난에 힘들어하던 아내의 성화에 못 이겨 돈을 벌기 위해 집을 나가지. 허생은 부자에게 큰돈을 빌려 제

사에 쓰는 과일과 갓을 만들 때 필요한 말총을 시장에서 모두 사들였어. 그다음은 어떻게 되었을까? 허생에게 과일과 말총을 모두 팔았던 상인과 양반들은 더 많은 돈을 주고 허생에게서 그 물건들을 다시 사와야 했어. 유교 의례를 중시하던 양반들에게 신분을 나타내는 갓과 제사에 쓰이는 과일은 없어서는 안 될 아주 중요한 물품이었거든. 허생은 이 두 물건을 양반들에게 비싼 값에 되팔아 큰돈을 벌었어. 빌린 돈을 다 갚고도 엄청난 이익을 남겼지. 작가 박지원은 《허생전》에서 예절이나 의식 등을 겉으로 꾸미는 것만 중시하는 양반들의 허례허식을 비판하고 당시 조선 사회의 유통 구조가 얼마나 취약한지 말하고 싶었던 거야.

　물건을 팔 때 허생과 같은 방법을 쓰면 이익을 남길 수는 있을 거야. 하지만 오늘날 허생처럼 행동한다면 많은 사람들의 비난을 받아. 국가 경제는 생각 안 하고 자신의 이익만을 위해 물건을 사고팔았으니까. 그와 같은 매점매석 행위는 법의 규제를 받지. 이처럼 물건을 사고파는 일은 단순히 물건을 거래하는 것을 넘어서 국가나 개인의 경제생활에 큰 영향을 준단다. 물건을 사고파는 일이 왜 중요한가를 알기 위해서는 지역과 지역, 나라와 나라 사이에 물건을 사고팔거나 교환하는 '무역'이 어떻게 시작되었는지 알아볼 필요가 있어.

2. 거래의 첫걸음, 물물교환

학교에서 벼룩시장이 열리는 날, 영희는 자신이 입던 옷과 액세서리를 가지고 왔어. 진영이는 집에서 보던 책과 학용품을 시장에 내놓을 거야. 그런데 영희가 가져온 물건 중에 진영이가 평소 갖고 싶었던 액세서리가 있었어. 시장이 열리자마자 진영이는 영희에게 머리핀과 팔찌를 구입하려고 갔어. 영희는 씩 웃으면서 진영이가 가져온 책과 학용품이랑 맞교환하는 게 어떠냐고 했어. 그렇게 영희와 진영이는 기분 좋게 서로의 물건을 교환했지.

이렇게 물건과 물건끼리 직접 바꾸는 거래를 물물교환이라고 해. 물물교환은 내가 가지고 있지 않거나 부족한 물건이 상대방에게 있을 때, 상대방이 필요한 물건을 내가 가지고 있을 때 각자가 필요한 물건끼리 바꾸어 서로에게 이익이 되도록 하는 거래야.

전래 동요 중에 흙장난을 하며 부르는 노래가 있어. "두껍아, 두껍아, 헌 집 줄게 새집 다오." 노래 가사에서 왜 헌 집을 줄 테니 새 집을 달라고 두꺼비에게 조르는 걸까? 두꺼비 입장에서는 공정하지 않은 거래인데 말이야. 이 노래에는 물물교환을 하더라도 어떻게든 이윤을 더 남기고 싶어 하는 사람들의 바람이 담겨 있어.

아프리카에는 아주 특이한 물물교환 형태가 있었다고 전해져. 먼 거리 무역을 하는 상인들이 도시에서 멀리 떨어진 시골 지역 사람들

과 거래할 때 쓰던 방법이지. 교역 장소에 서로의 물건을 갖다 놓고 물건이 마음에 들면 가져가고, 바꿀 가치가 없으면 자신의 물건을 조금 줄인 후 상대방의 반응을 기다린다고 해. 중개자 없이 침묵 거래Silent Trade를 하는 거야. 물론 상인들 간의 믿음이 있어야 가능하겠지. 중간에 물건이 없어지거나 다른 한쪽이 모두 다 가져갈 수도 있으니까. 물물교환의 의사소통이 침묵이었다는 것이 참 흥미롭지?

3. 땅과 바다로 통하는 무역 길

 햇볕이 뜨겁게 내리쬐는 사막, 낙타는 등에 짐을 가득 싣고 길을 가고 있어. 터벅터벅, 낙타의 사막 워킹은 매우 힘들고 지치는 일이었지. 사막에는 모래 폭풍까지 불어왔어. 낙타는 이 어려운 환경을 뚫고 자신의 임무를 완수하려 걷고 또 걸었어. 드디어 동서양을 잇는 하나의 길이 완성됐어. 실크로드! 중국의 교역품 중 대표적인 물품이 비단이어서 붙인 이름이지.

 무역 길이 육로만 있었던 것은 아니야. 배를 이용한 해상로, 즉 바닷길도 만들어졌지. 우리가 잘 알고 있는 통일신라 시대의 장군 장보고는 지금의 완도 지역에 청해진을 설치하고 해적을 물리침으로써 해상무역을 주도했어.

사전적인 정의로 본다면 무역은 국가와 국가 사이에 물품을 매매하는 일을 말해. '무역'을 뜻하는 영어 단어 '트레이드Trade'는 그 어원이 발걸음을 의미하는 '트레드Tread'와 길을 의미하는 '트랙Track'에서 유래했어. 길을 따라 물품을 교환하는 것이 무역이지. 무역로가 만들어지면서 세계는 많은 변화를 겪었어. 땅을 차지하기 위한 전쟁이 일어났고, 다양하고 신기한 물건을 갖기 위한 약탈도 서슴지 않았지. 서구 열강이 배를 이용해 아프리카, 아메리카 등을 식민지로 만들면서 세계 무역은 한층 더 활발하게 이루어졌단다.

4. 시장의 형성과 발달

'맹모삼천지교孟母三遷之敎'라는 말이 있어. 맹자의 어머니가 아들의 교육을 위해 세 번 이사를 했다는 뜻이야. 처음 살았던 곳은 공동묘지 근처였어. 맹자는 매일 장사葬事지내는 놀이를 하면서 지냈지. 맹자 어머니는 두 번째로 시장 근처로 이사를 갔어. 이번에는 맹자가 아이들이랑 물건 파는 놀이만 하는 거야. 그래서 어머니는 서당 부근으로 세 번째 이사를 갔어. 그제야 맹자는 공부를 하면서 훌륭한 사람으로 성장하게 되었지. 사람이 성장하려면 그가 살고 있는 환경이 중요하다는 것을 보여 주는 이야기야.

무역도 마찬가지야. 물품을 거래하기 위한 좋은 환경이 만들어지면 무역은 더 크게 발전하게 되지. 시장은 원래 두 지역 경계에서 형성되었어. 사람들이 양쪽 지역을 넘나들기 위해서는 지리적으로 중간 지점이 좋고 교통이 빠르고 편리해야 하기 때문이야.

'헤르메스Hermes' 신을 기억하니? 앞에서 말했던 도둑의 신 말이야. 헤르메스는 고대 그리스 도시를 나누는 국경의 신이라고도 하고, 교역의 신이라고도 불리지. 헤르메스의 로마식 이름인 '메리쿠리우스'는 '장사하다'라는 뜻에 기원을 두고 있어. 상인들의 수호신이었던 헤르메스는 교역이 도시와 도시의 경계에서 시작되었음을 알려주는 중요한 증거인 셈이지.

기원전 8세기, 그리스에 여러 도시국가들이 형성되면서 시장은 도시의 경계가 아닌 도시 중심부에 만들어지기 시작했어. 인구가 많이 모여 사는 도시 중심부에 들어선 시장은 사람들이 모일 수 있는 최적의 장소였고 상인들은 그곳에서 물건을 팔았지.

다른 지역에서 온 상인들도 시장 중심부에 정착함으로써 그곳의 언어, 문화, 관습 등을 빨리 익히려 했어. 상거래를 위한 최고 조건을 갖추어 놓는 것이 자신들의 이익을 더 높이는 길이었으니까. 이렇게 생겨난 정착촌 상인들은 자신의 고향에서 가져온 물건을 팔고, 그 지역에서 나는 물건을 고향에 가져다 파는 중개상 역할을 했어.

하지만 원래 그곳에 살던 사람들이 다른 지역에서 온 사람들을 순순히 반겨 줄 리 없었어. 정착촌 상인들은 살아남기 위해 부를 축적하면서 그 지역의 왕족, 귀족과 결탁하는 방법을 택했지. 권력의 힘을 빌려 상거래를 보장받고 지위도 높이기 위한 목적이었던 거야.

5. 역사와 문화를 이해하는 지표

아랍어로 쓰인 설화집인 《아라비안나이트》에는 바다를 종횡무진 누빈 신드바드라는 인물이 나와. 우리에게 잘 알려진 〈신드바드의 모험〉의 주인공이지. 부유한 상인 신드바드가 자신과 이름이 같은 짐꾼 신드바드에게 자신의 일화를 생생하게 들려주는 이야기야. 주인공 신드바드는 일곱 번의 항해를 거치며 가져온 보석과 코끼리 상아를 팔아 부자가 됐어. 그런데 이 상품들이 그 지역에서 흔하게 나는 물건이었다면 뱃사람 신드바드는 아마 부자가 될 수 없었을 거야.

당시 무역을 하던 사람들은 희귀한 상품을 찾아 죽음을 무릅쓰고 긴 여행을 떠났어. 중국에서 건너간 비단이 로마에서 귀한 상품

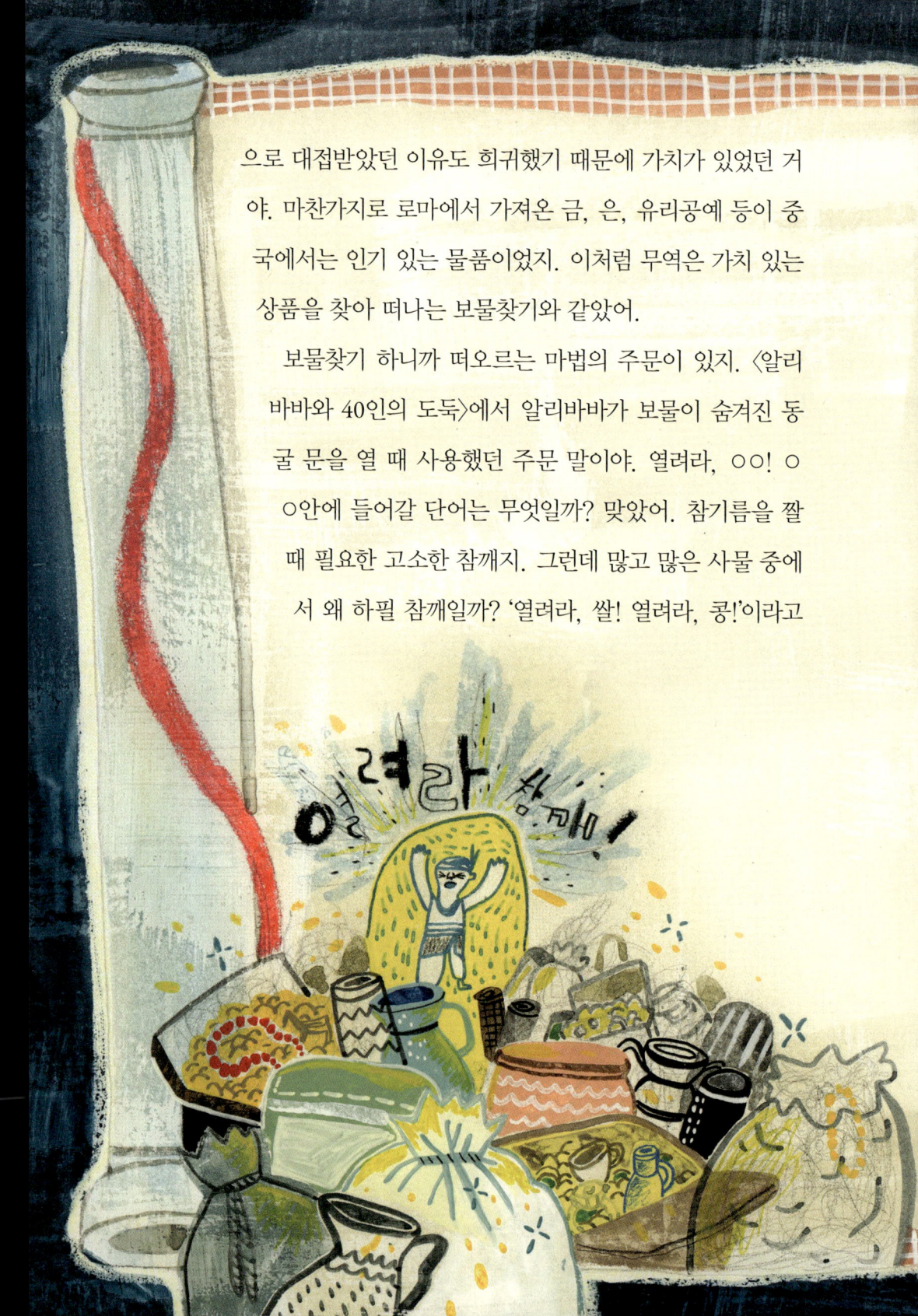

으로 대접받았던 이유도 희귀했기 때문에 가치가 있었던 거야. 마찬가지로 로마에서 가져온 금, 은, 유리공예 등이 중국에서는 인기 있는 물품이었지. 이처럼 무역은 가치 있는 상품을 찾아 떠나는 보물찾기와 같았어.

보물찾기 하니까 떠오르는 마법의 주문이 있지. 〈알리바바와 40인의 도둑〉에서 알리바바가 보물이 숨겨진 동굴 문을 열 때 사용했던 주문 말이야. 열려라, ○○! ○○안에 들어갈 단어는 무엇일까? 맞았어. 참기름을 짤 때 필요한 고소한 참깨지. 그런데 많고 많은 사물 중에서 왜 하필 참깨일까? '열려라, 쌀! 열려라, 콩!'이라고

할 수도 있었을 텐데 말이야.

　중동 지역을 연구하는 인류학자들은 알리바바가 참깨라고 한 이유가 그 지역의 특산품과 관련이 있다고 말해. 참깨는 아프리카 북부의 이집트 지역이 원산지야. 지리적으로도 페르시아와 가까웠지. 참깨는 더운 날씨에도 잘 썩지 않는 마법 같은 재료이고, 음식 맛도 한층 더 좋게 해 줘서 비밀스런 주문 의식에 사용하기 딱 좋은 상품이었어. 이처럼 상품은 그 지역의 역사와 문화를 이해하는 데에도 큰 도움이 된단다.

　이제 우리는 무역의 길을 가기 위한 마법의 문을 열 거야. 그 문을 나서면 인류의 시작을 함께했던 소금에서부터 현재 우리 생활에 없어서는 안 될 석유, 화폐 등 여러 보물과도 같은 상품들을 만나 볼 수 있어.

　자, 그럼 세계를 향한 무역 여행을 한번 떠나 볼까? 알리바바처럼 주문을 외치면서 말이야. 열려라, 참깨!

2장
맛으로
세상의
길을 열다

1. 새하얀 보석, 소금

인류 최고의 상품

염전鹽田에 가 본 친구들이 있니? 염전을 우리말로 소금밭이라고 해. 이곳에 가면 소금이 만들어지는 과정을 볼 수 있어. 바닷물이 햇빛과 바람을 만나서 수분이 증발하면 짠맛이 나는 흰색 결정체들이 생기는데 이것이 바로 소금이야.

소금은 바다에서만 얻을 수 있는 게 아니라 땅에 매장된 지층 가운데 암염층에서 광물의 형태로 채굴해 얻을 수도 있어. 인간이 먹는 유일한 암석이지. 화학적으로는 염화나트륨NaCl이라고 불러. 그 결정이 아름다워 '소금꽃'이라고도 해.

소금은 인간이 살아가는 데 꼭 필요한 물질이야. 문명이 시작되기

전 초기 인류는 수렵이나 어획 활동으로 잡은 동식물을 먹으면서 그 속에 포함된 염분을 자연스럽게 섭취했어. 하지만 인류가 정착해 농사를 짓기 시작하면서 곡류나 채소를 주식으로 먹게 되자 염분이 부족해졌고 소금을 따로 더 섭취해야 했지.

문명의 탄생은 소금의 존재 여부와 밀접한 관련이 있어. 인류 최초의 문명인 메소포타미아 문명의 여러 도시국가들도 소금 무역과 밀 농사 등을 통해 성장해 나갔으니까. 기원전 1만 년 전, 인류 최초의 도시 '예리코Jericho'는 사해死海 근처에 터를 잡았어. 사해는 강물

아라비아반도 서북쪽에 위치한 호수 사해

이 들어오는 곳만 있고 나가는 곳이 없었지. 건조한 기후 때문에 물의 증발이 심해 염분 함유량이 많아 생명체가 거의 살 수 없었어.

하지만 예리코 사람들에게 이곳은 최적의 장소였어. 인류에게 필요한 소금을 얻을 수 있었고, 교통이 편리해 상인들의 중간 집결지로 최고였지. 유대인의 선조인 히브리인들은 사해에서 나는 소금을 운반해 소금 길을 만듦으로써 히브리 왕국을 건설했어. 전성기였던 다윗 왕 시대에는 소금 골짜기였던 에돔 왕국을 정복해 소금의 대량 생산이 가능하도록 했지.

기원전 3천 년경, 가나안 땅 해안에는 '자주색 옷을 입은 사람'이라는 뜻의 페니키아인이 살고 있었어. 그들은 내륙으로 가고 싶어도 3천 미터의 산이 앞을 가로막아 갈 수가 없었지. 자연스럽게 해상무역이 발달했어. 페니키아인들은 배를 만들고 운항하는 기술이 뛰어나 해상무역을 통해 점점 부유해졌지. 그들은 이집트 소금 호수에서 나온 소금을 수입해 불순물을 없앤 뒤 아주 비싼 값으로 다른 지역에 팔았어. 소금 생산이 아닌 거래를 통해 경제적 부를 누렸지. 결국 소금은 페니키아인들의 부강함을 가능하게 한 최고의 자원이었던 거야.

물류 혁명을 이룬 로마인의 소금 길

작은 도시국가였던 로마도 소금 상인들이 모여서 만든 나라야. 페니키아 시대 로마 부근에는 유럽 최초의 인공 해안 염전이 만들어졌어. 내륙이나 사막을 거쳐 운반된 소금은 운송비나 세금이 비쌌어. 기원전 640년, 로마인들은 대규모 염전소를 건설하고 하천을 통해 소금을 운반하는 방법을 택했지. 품질 좋고 가격이 저렴한 소금은 로마를 금세 소금 유통의 중심지로 만들었어. 이른바 로마의 '소금 길'이 열린 거야.

땅을 많이 소유하고 있던 영주들은 통행료를 받고 부를 축적할 수 있었어. 기사들은 영주들의 안전을 책임져 주는 대가로 자신의 지위를 누렸지. 소금 무역은 도시 전체로 퍼져 나가 유용한 돈벌이 수단이 되었어. 국가의 재정 수익을 얻기 위해 생산, 판매의 권리를 독점하는 상품이 된 거야.

초기 로마 시대에 소금은 화폐의 역할을 담당하기도 했어. 관리나 군인들에게 주는 돈을 소금으로 지불한 거야. 봉급을 뜻하는 영어 '샐러리Salary'는 소금을 뜻하는 '살라리움Salarium'이라는 말에서 유래했어. 황제들은 소금을 무상으로 시민들에게 나눠 줘서 인기를 얻기도 했지만 적에게 판매할 경우 사형이라는 엄한 벌로 다스렸지.

소금은 교역 품목으로 그 가치가 점점 높아졌어. 로마는 힘을 앞

세워 소금이 나는 지역들을 정복해 갔지. 2세기 로마의 트라야누스 황제는 지금의 루마니아로마인의 땅이라는 의미를 확보함으로써 유럽 최고의 소금 광산을 차지했어. 소금 유통의 중심지가 된 로마의 소금 길이 로마 부흥의 주춧돌이 되었던 거지. 모든 길은 로마로 통할 수밖에 없었던 이유가 소금 때문이라는 게 신기하지?

네덜란드의 운명을 바꾼 염장법

네덜란드의 수도가 어딘지 아니? 맞아, 암스테르담이야. 특별한 지하자원이 없는 이곳이 중계무역으로 유명해진 이유는 청어라는 물고기 때문이야. 14세기에서 15세기 무렵, 청어는 중세 유럽인들에게 단백질 공급원으로 인기가 있었어. 하지만 바다에서 갓 잡은 생선은 쉽게 상하고 말았지.

14세기 중엽, 네덜란드 어민인 빌렘 벤켈소어가 이러한 문제점을 해결할 수 있는 칼을 개발했어. 또 생선을 잡아 배에서 바로 내장을 손질한 뒤 소금에 절여 통에 보관하는 염장법도 생각해 냈지. 염장법을 이용하면 육지에 돌아와 다시 한번 더 절이면 1년 넘게 보관할 수 있었어. 네덜란드는 이 칼 덕분에 청어 절임으로 유명해져 엄청난 부를 누리게 되었어.

15세기 말, 이베리아 반도에서 이주한 유대인들은 암스테르담에서 보석 사업뿐만 아니라 이베리아 반도의 소금을 사들여 중계무역을 했지. 유대인들은 생선을 절이는 데 소금이 대량으로 필요하다는 것을 알았어. 16세기 초 유대인들은 바다 소금을 한 번 더 정제해 깨끗하고 고운 소금을 만들었어. 발트해 지역은 소금 중계무역의 중심지로 떠오르기 시작했지. 유통을 통해 경쟁력을 확보한 유대인들은 소금 시장의 주도권을 잡았어. '어업 위원회'를 만들어 네덜란드에서 나는 청어의 어획 시기를 조절하고 품질 기준을 만들었어. 청어 산업의 가치를 높이려 품질관리에도 나섰지. 16세기 말, 네덜란드와 에스파냐의 독립전쟁 때에도 그들은 소금 생산지를 봉쇄함으로써 에스파냐를 파산에 이르도록 했어. 이들 덕분에 네덜란드는 점차 해상 강국으로 자리 잡아 갔지.

베네치아의 탄생과 소금 독점

이탈리아에는 유명한 3대 관광지가 있어. 바로 로마와 피렌체, 베네치아야. 그중 베네치아는 '물의 도시'라고 불릴 만큼 섬과 섬으로 연결한 수로가 발달해 있지. 해상무역의 중요한 거점이기도 해.

베네치아는 452년 훈족의 침입으로 생겨난 도시야. 중앙아시아

세계적인 관광도시이자 수상 도시인 베네치아

초원 지대에서 활약했던 유목 민족인 훈족이 서쪽으로 이동해 이탈리아 내륙을 침략하자 로마인들은 그들을 피해 바다를 건너가야만 했어. 그리고 섬에 도착해 이렇게 외쳤지. '베니 에티암! 나도 여기에 왔어!' 베네치아라는 도시 이름이 만들어진 이유야.

　베네치아에 온 사람들은 물고기와 소금으로 무역을 시작했어. 7세기 이후 베네치아는 해수면이 낮아지면서 소금을 만드는 최적의 조건이 되었어. 바닷물을 염전으로 끌어와 바람과 햇빛으로 수분만 증발시킨 천일염을 만들 수 있었지.

소금은 베네치아의 독점 무역품이었어. 지리적 장점을 활용해 노예, 목재, 향신료, 직물 등 중요 물품을 연결하는 중개무역도 활발했어. 결국 수상 교통을 이용해 서방과 동방을 연결하는 물류 중심지로 성장했지.

똑똑 상식!

믿음의 상징, 소금

레오나르도 다빈치의 작품 〈최후의 만찬〉은 예수가 십자가에 못 박히기 전날, 열두 제자와 마지막 식사를 하는 그림이야. 이 명화에는 여러 가지 상징이 숨어 있어. 예수의 제자 유다는 돈주머니를 잡고 있고, 그 앞에는 소금 그릇이 엎질러져 있지. 옛 사람들은 소금을 믿음의 징표로 사용했기 때문에 약속이나 계약을 할 때 소금을 먹거나 앞에 놓음으로써 자신의 마음을 드러냈어. 결국 그림 속에서 엎질러진 소금 그릇은 유다가 예수를 배신한 것을 빗대어 표현한 거야.

〈최후의 만찬〉

독일과 오스트리아의 소금 전쟁

지금의 오스트리아 중북부에 위치한 잘츠부르크는 7세기 무렵 소금 광산에서 나오는 소금세 수입으로 건설된 도시로 '소금의 성'이라고 불려. 이곳은 모차르트의 고향으로도 잘 알려져 있지. 8세기에 대주교가 통치할 만큼 가톨릭 문화의 중심지였던 이곳을 옆 나라 독일의 제후들은 종종 침략을 했어. 소금이 탐났기 때문이야.

 17세기, 잘츠부르크의 볼프 디트리히 대주교는 소금 시장을 지배하기 위해 뉘른베르크에서 생산되는 소금 판매 가격을 낮추는 전략

볼프 디트리히 대주교를 위해 지은 바로크 양식의 미라벨 궁전

을 취했어. 덕분에 잘츠부르크는 '북쪽의 로마'라 불릴 만큼 성장했지. 이 당시 교회와 궁전은 세계적으로 유명한 바로크 양식 건축물이 많이 지어졌어.

1611년, 지금의 독일 남동부에 위치한 바이에른의 제후 막시밀리안 1세는 잘츠부르크의 소금 독점에 제동을 걸고자 소금 전쟁을 일으켰어. 2만여 명의 병사를 이끌고 들어와 볼프 디트리히 주교를 몰아내고 뉘른베르크를 한동안 소금 무역에서 제외시켰지. 이처럼 소금은 단순한 음식 재료가 아니었어. 한 도시와 국가의 운명을 결정지을 만큼 중요한 '가치 상품'이었던 거지.

영국의 소금 봉쇄정책

미국의 독립전쟁1775-1783년도 소금과 관련이 있어. 영국은 식민 통치를 강화하고자 미국 뉴저지의 제염소를 폐쇄하고 수입하는 소금에 대해 높은 가격을 매겼지. 소금 부족 현상을 발생시켜 미국의 경제를 어렵게 만들려고 했던 거야. 소금을 담보로 한 봉쇄정책을 펼친 거지. 하지만 미국은 조지 워싱턴의 지휘 아래 당당히 독립을 이루어 냈어. 미국 역사상 가장 큰 전환점으로 평가받는 남북전쟁 1861-1865년에서도 소금은 전쟁의 승패를 좌우하는 중요한 상품이었어. 북부군은 남부군의 자금줄을 끊기 위해 남부에 있는 소금 공장에 대포를 쏘아댔지. 노예제 폐지를 주장하던 북부군은 결국 전쟁을 승리로 이끌었어. 링컨의 '국민의, 국민에 의한, 국민을 위한 정치'가 시작된 거야.

간디의 소금 행진

비폭력주의자 하면 가장 먼저 생각나는 사람은? 딩동댕. 바로 인도의 위대한 성인 마하트마 간디야. 간디와 소금이 무슨 관계가 있을까? 소금은 간디가 행한 비폭력 무저항 운동의 상징이었어. 당시 영국의 식민지였던 인도는 소금세를 엄청나게 내야 했는데, 소금은 정치적, 경제적으로 큰 의미를 가지고 있었으니 영국 입장에서는 인도를 통제할 좋은 수단이었던 거야.

마하트마 간디

그런데 참 이상하지. 영국은 소금세를 제일 먼저 폐지한 국가였어. 1825년에 영국이 소금세를 폐지한 이유는 18세기 중엽에 시작된 산업혁명과 밀접한 관련이 있어. 산업혁명은 화학 혁명이라고 말할 정도로 화학 물질이 중요하게 부각되었어. 소금이 단순한 보존 첨가물이나 조미료로서의 기능이 아닌 산업을 일으키는 핵심 원료가 된 거야. 소금이 비싸면 공장에서 많은 물건을 싸게 만들지 못하게 되니까 영국 정부는 소금세를 폐지했던 거지.

하지만 1923년, 영국은 식민지였던 인도의 소금세를 두 배로 올렸어. 인도는 기온이 높은 나라였기 때문에 체내 염분 손실을 방지하기 위해 소금이 많이 필요했지. 공짜로 먹던 소금을 세금까지 내라고 하니 인도 사람들은 화가 나 폭동을 일으켰어.

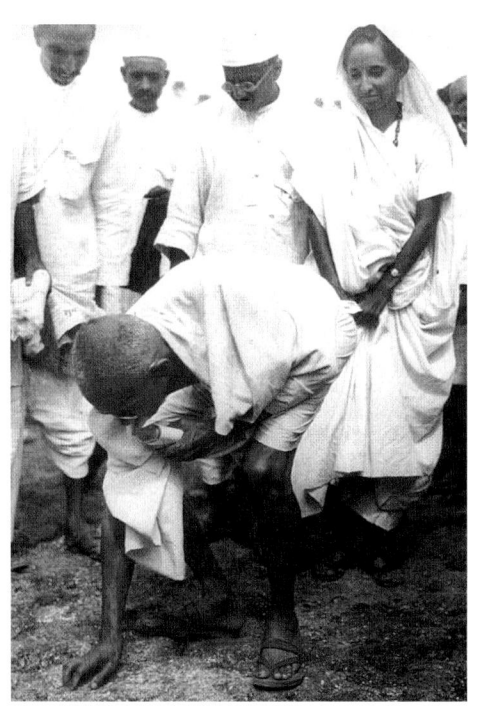

해변에서 소금을 집어 드는 간디

1930년, 간디는 소금 행진을 시작했어. 세금이 가난한 사람들에게 부담이 되고 있다는 것을 알리기 위한 비폭력 행진이었지. 3주 동안 400킬로미터를 걸어 바닷가에 도착한 간디는 소금을 한 줌 집어 들었어. 함께한 지지자 수천 명이 그 광경을 지켜보았지. 간디의 소금 행진은 인도의 독립 운동을 비폭력으로 이끄는 데 큰 역할을 했어.

소금물에서 내가 태어났다고요?

우리는 이 세상에 태어나기 전 엄마 배 속의 양수에서 엄마에게 영양분을 탯줄로 공급받아 자라지. 그런데 우리가 10개월 동안 머무르는 양수가 깨끗한 소금물이라는 걸 알고 있니? 인간은 태어날 때부터 소금물에 적응되어 있었던 거지. 혈액에도 0.9퍼센트의 소금이 있어. 몸에서 가장 소중한 심장에도 소금이 함유되어 있지. 그래서 심장을 소금 염鹽자를 써서 '염통'이라고 부르기도 해. 인간은 소금을 하루 평균 5그램 정도 먹어야 해. 다행히 우리가 먹는 음식 안에 소금이 있으니 소금을 따로 챙겨 먹을 필요는 없어. 그래도 너무 짠 음식을 많이 먹으면 건강에 해로울 수 있으니 조심해야 해.

2. 달콤함에 가려진 진실, 설탕

세상에서 가장 달콤한 독

다음 노래의 제목은 무엇일까? 나뭇가지에 실처럼 날아든 ○○○, 하얀 눈처럼 희고도 깨끗한 ○○○. 벌써 눈치챘지? 어릴 때 놀이동산에 가면 사 달라고 졸랐던 그것. 맞아, 바로 솜사탕이야. 솜사탕은 설탕을 가열한 용액으로 만드는데 그 용액이 작은 구멍을 통해 나오면서 가느다란 실처럼 돼.

솜사탕이 맛있는 이유는 무엇일까? 바로 설탕의 단맛 때문이야. 하지만 설탕은 '세계에서 가장 달콤한 독'이라 불려. 달콤함의 대명사인 동시에 인간의 건강을 해치는 치명적인 독이라는 상반된 찬사를 받는 상품이지.

단맛이 나는 천연 감미료 중에 대표적인 것으로 '꿀'이 있어. 에스파냐에서 아주 오래된 바위그림 두 점이 발견되었어. 기원전 7천 년경 그려진 이 그림에는 벌꿀을 채취하기 위해 절벽을 기어오르는 사람들이 그려져 있지. 이후 사람들은 통나무에 구멍을 파 놓고 벌이 그곳에 집을 짓도록 하는 양봉 기술을 통해 꿀을 얻었어.

옛날부터 감미료로 많이 이용된 스테비아 잎

벌꿀 말고도 단맛을 내는 식물도 있었어. 1천 년경 중남미의 한 인디언 마을에서는 스테비아의 잎을 식용으로 쓰고 차로도 만들어 마셨는데 이 차는 사탕수수보다 200-300배 정도 당도가 높았다고 해.

설탕의 원료인 사탕수수는 기원전 8천 년경 태평양의 뉴기니 섬 주민들이 최초로 재배했다고 알려져 있어. 기원전 326년, 그리스와 페르시아, 인도에 이르는 제국을 건설한 알렉산더 대왕이 인도로 원정을 다녀온 뒤 그리스로 전파되었지. 유럽인들은 사탕수수를 '달콤한 갈대'라고 불렀어.

350년경, 인도인들이 사탕수수 즙을 끓여 달콤한 설탕 결정체를 만들었어. 그들은 설탕을 의례에 사용하거나 직접 먹기도 했는데 고대 인도어인 산스크리트에서는 '설탕 한 조각'을 '칸다Khanda'라고 불렀어. 이것이 페르시아어를 거쳐 아랍어로, 다시 유럽으로 오면서 '캔디Candy'가 되었지.

　5-6세기경, 지금의 이란에 준디 샤푸르Jundi Shapur라는 학교가 세워졌어. 그리스 철학자, 유대인들, 페르시아인 등 세계의 위대한 사상가들이 모여 학문을 연구했지. 그중 페르시아의 어느 지혜로운 박사가 인도로 건너가 '샤르카라Sharkara'라는 신비로운 약물을 가져왔어. 페르시아인들은 이것을 '샤케르Shaker'라고 불렀지. 이 말이 후에 '슈거Sugar'로 불리면서 설탕은 마법의 약물로 인정받았어.

단맛에 중독되는 이유는?

단맛은 중독성이 있어서 자꾸만 먹고 싶어져. 그 이유는 단 음식을 먹었을 때 뇌 신경 전달 물질인 도파민 분비가 활발하게 일어나기 때문이야. 도파민은 뇌가 '쾌감'을 느끼게 하는 물질이거든. 단맛은 기분을 좋게 해 주지만 당 성분을 지나치게 섭취하면 비만, 당뇨 등의 질병을 일으킬 수 있어. 그래서 전 세계적으로 과도한 당 섭취를 줄이기 위한 캠페인이 펼쳐지고 있지.

십자군 전쟁과 유럽으로 전해진 설탕

설탕은 11세기 말에서 13세기 말까지 전개된 십자군 전쟁을 통해 유럽에 전해졌어. 십자군 전쟁은 기독교도가 과거 자신들의 성지인 예루살렘과 팔레스타인을 이슬람교도로부터 되찾기 위해 일으킨 전쟁이야. 당시 이 지역을 정복하고 있던 셀주크튀르크가 비잔틴제국(동로마제국)을 위협하자 비잔틴제국 황제 알렉시우스 1세가 교황에게 군사 원조를 요청해 시작되었어. 교황은 천국의 보상이 있을 것이라는 말로 사람들을 선동해 이슬람과의 전쟁에 끌어들였지.

　십자군 원정은 서양 문명사에 큰 영향을 미쳤어. 이 원정으로 지중해를 중심으로 한 동방무역 거래가 활발히 이루어졌거든. 원정대는 설탕뿐만 아니라 여러 가지 향신료를 유럽으로 가져가 귀족이나 부유한 사람들에게 팔았고, 향신료는 곧 신분과 지위가 높음을 상징하는 상품이 되었지.

노예무역의 원인이 된 설탕

에스파냐와 포르투갈은 설탕을 세계로 전파하는 데 기여한 나라야. 특히 포르투갈은 북아프리카의 모로코 북부 지역 항구 도시인 세우타를 해상 교통의 요지로 삼고 비단이나 금, 노예 등을 유통

노예무역을 합법화한 니콜라우스 5세

시켰지. 1419년에는 무인도였던 마데이라 섬을, 1427년부터는 아조레스 제도를 발견해 사탕수수 재배를 위한 플랜테이션을 세웠어. 플랜테이션은 대규모 시장을 위해 단일 작물을 재배하는 거대한 농업을 말해. 주로 서양인이 자본과 기술을 제공하고 열대의 노동에 견딜 수 있는 원주민이나 이주 노동자들의 값싼 노동력을 이용하지. 아프리카 흑인 노예들은 이곳에 설탕 원료를 생산하는 데 동원되었어.

1452년, 교황 니콜라우스 5세는 포르투갈의 왕 알폰수 5세에게 칙령을 내려 노예무역을 합법화했어. 그가 포르투갈 왕에게 이슬람교도를 비롯한 다른 종교인들을 세습 노예로 만들 수 있다는 내용의 문서를 전달하면서 끔찍한 노예무역이 시작되었지.

포르투갈 탐험대는 신대륙인 브라질에도 진출했어. 그들은 브라질에서 귀금속을 찾으려 했지만 찾지 못했어. 대신 브라질이 사탕수수를 재배하기 좋은 지역임을 알았지. 16세기에 포르투갈은 최대의 설탕 생산국이 되었어. 17세기 초 식민지 브라질에서 생산한 설탕 양만도 2만 9,400톤에 달했으니까. 하지만 영국과 프랑스가 설탕을 대량 생산하면서 포르투갈은 자본 부족으로 어려움을 겪기 시작했어. 이 틈을 타 네덜란드 상인들이 자본을 투자해 유럽의 설탕 시장을 주도해 나갔지.

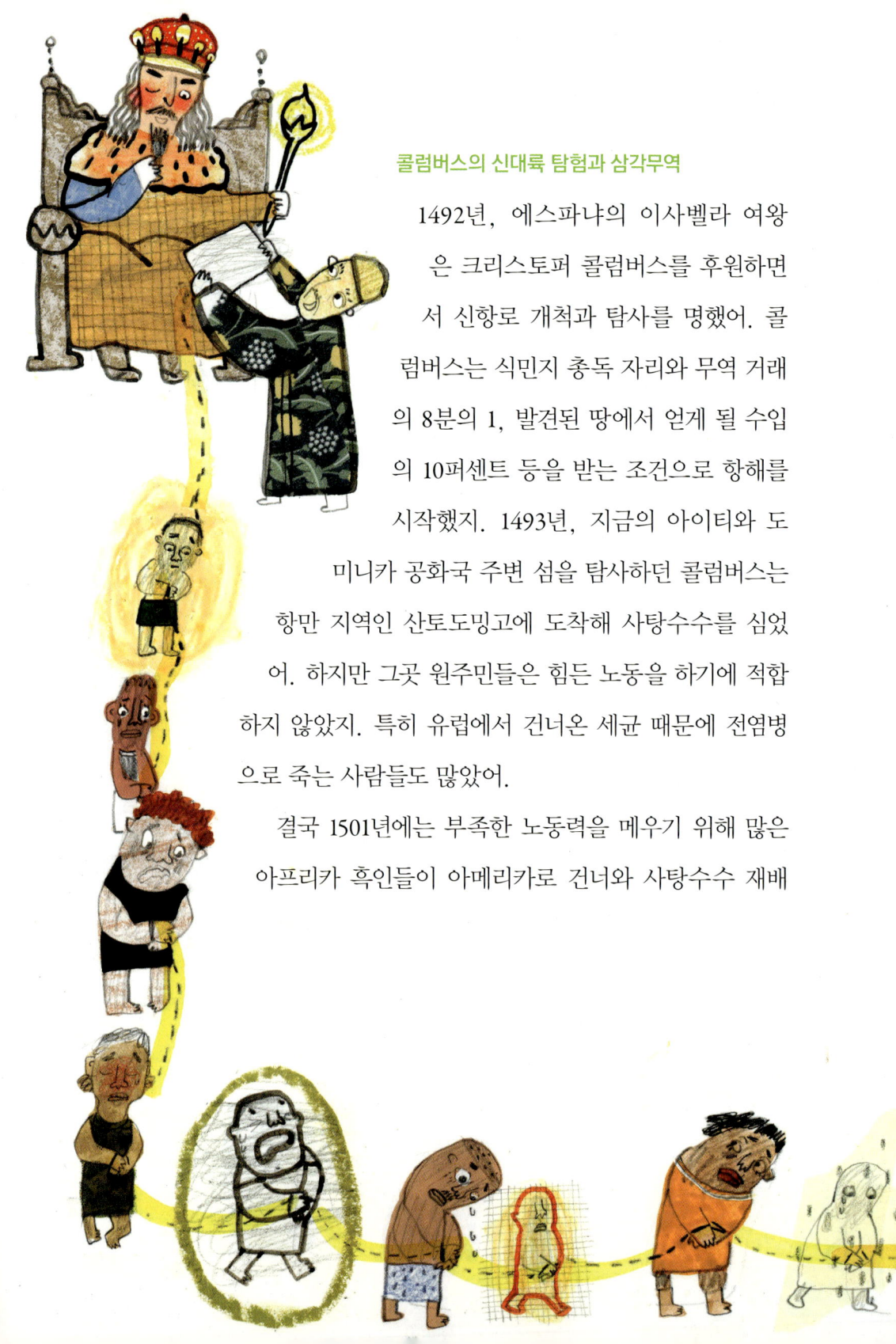

콜럼버스의 신대륙 탐험과 삼각무역

1492년, 에스파냐의 이사벨라 여왕은 크리스토퍼 콜럼버스를 후원하면서 신항로 개척과 탐사를 명했어. 콜럼버스는 식민지 총독 자리와 무역 거래의 8분의 1, 발견된 땅에서 얻게 될 수입의 10퍼센트 등을 받는 조건으로 항해를 시작했지. 1493년, 지금의 아이티와 도미니카 공화국 주변 섬을 탐사하던 콜럼버스는 항만 지역인 산토도밍고에 도착해 사탕수수를 심었어. 하지만 그곳 원주민들은 힘든 노동을 하기에 적합하지 않았지. 특히 유럽에서 건너온 세균 때문에 전염병으로 죽는 사람들도 많았어.

결국 1501년에는 부족한 노동력을 메우기 위해 많은 아프리카 흑인들이 아메리카로 건너와 사탕수수 재배

농장에 투입되었지. 아메리카는 점점 사탕수수 공장으로 변해갔어. 그러나 에스파냐가 점령했던 식민지들은 영국, 프랑스 함대가 강해지면서 그들의 손에 넘어가고 말았어.

영국과 프랑스는 플랜테이션을 통해 설탕뿐만 아니라 커피 생산에도 박차를 가했어. 영국의 찰스 2세는 '왕립 아프리카 회사'를 설립해 9만여 명의 노예를 공급했지. 18세기 중엽 리버풀의 노예무역은 영국 무역 총액의 절반을 차지할 정도로 큰 비중을 차지했어.

대서양에서는 노예를 매개로 삼각무역이 형성되었어. 영국 배가 총, 철, 술 등의 상품을 싣고 아프리카에 도착하면 노예와 그 물품을 맞교환하고, 다시 아메리카로 건너가 노예를 팔아 사탕수수나 면화 등을 구입해 오는 식이었지. 사람을 사고판다는 것은 참 끔찍한 일이야. 그럼에도 노예무역이 활발했던 이유는 질병과 밀접한 관련이 있어. 아프리카인들은 아메리카인들과 달리 유럽의 천연두나 홍역에 대한 면역력이 있었지. 그래서 플랜테이션 노동자 대부분은 아프리카에서 온 사람들이었어.

영국의 산업혁명과 설탕 소비

영국에서 부와 지위의 상징이었던 설탕이 서민에게 보급된 것은 17세기 중엽 이후였어. 생산량이 늘어남으로써 설탕 값이 싸졌기 때문이야. 1775년 영국에서 1인당 설탕 소비량은 프랑스인의 10배에 달했어. 영국에서 설탕 소비량이 많아진 이유는 차와 밀접한 관련이 있어. 당시 영국인들은 홍차나 커피에 설탕을 많이 넣어서 먹는 것이 유행이었어. 서민들도 귀족들의 관습을 따라 하면서 설탕 소비량이 늘어났지.

노예무역의 폐지

영국과 프랑스, 미국, 포르투갈 등에서 비인도적인 노예제도에 반대하는 목소리가 들리기 시작했어. 1772년, 영국 대법원장은 도망갔다가 붙잡힌 노예에 대해 "영국에 있는 한 흑인은 노예가 아니다."라는 판결을 내림으로써 약 1만 5천 명의 노예가 자유인이 되었지. 1833년, 영국 의회는 노예 폐지법을 만들어 노예제는 불법이라고 공언했어.

1807년, 미국은 연방 회의에서 다음 해 1월 1일부터 노예 수입을 금지하는 법안을 가결시켰어. 하지만 그때도 미국 안에서는 여전히 노예를 거래하는 일이 가능했지. 남북전쟁 중이던 1863년, 링컨은 노예해방선언을 함으로써 노예무역을 완전히 사라지게 했어. 인간 해방에 큰 획을 그은 선언이었지.

18세기 중엽에 시작된 산업혁명은 설탕 소비를 더 촉진시켰어. 하루 두 끼를 먹던 영국인들은 17세기 중반부터 세 끼를 먹기 시작했지. '포리지Porridge'라는 영국식 죽과 홍차, 베이컨, 달걀 등을 곁들인 '영국식 아침 식사'는 아침부터 일을 해야 하는 노동계급 사람들에게 꼭 필요한 시간이었어. 오후 네 시쯤에는 '티 브레이크Tea Break'가 있어 홍차와 비스킷을 즐겼지. 차가 기호품이 되면서 설탕 소비는 늘어날 수밖에 없었어.

설탕의, 설탕에 의한, 설탕을 위한 하와이 합병

하와이 원주민은 300년-800년 사이 이주해 온 폴리네시아 계통 사람들이야. 그들은 바나나와 사탕수수, 코코넛을 재배하고 가축을 기르면서 자급자족하며 살았어. 1778년, 영국의 제임스 쿡 선장이 북서 태평양 항로를 개척하다 하와이를 발견하게 되면서 하와이 제도가 서양에 알려지게 되었어. 그는 하와이 제도를 샌드위치 제도라고 불렀어. 자신을 후원해 준 사람이 샌드위치 백작이었거든.

1810년, 하와이 섬 추장이 개신교 포교를 공인하면서 미국인 선교사들이 들어오게 되었어. 선교사들은 설탕 산업이 경제적 이익을 안겨 줄 것이라 생각하고 하와이 제도 북부의 카우아이 섬에 대규모 사탕수수 플랜테이션을 세웠지. 이후 미국과 하와이 간 왕래가 쉬워져 미국 내 하와이산 설탕 수요가 늘어나기 시작했어. 1848년, 미국 캘리포니아에서 금광이 발견되자 많은 사람들이 금 산지에 몰려들었고, 캘리포니아 인구가 늘어나자 설탕 수요는 더 늘어났지. 1849년, 미국 정부는 하와이를 독립국으로 승인해 주었어.

1861년에 일어난 미국 남북전쟁으로 설탕 수요가 또다시 급증했어. 북부가 남부에서 생산된 설탕 수입을 금지시킨 거야. 파운드당 4센트였던 설탕 가격이 1864년에는 25센트까지 올랐지. 이 틈을 타 스프레클스라는 설탕 업자가 하와이 왕국에 상하수도 같은 관개 시설과 철도, 부두 등을 건설해 주고 대규모 설탕 플랜테이션을 세워 이익을 남겼어.

1874년, 하와이 왕 칼라카우아는 스프레클스의 오만함에 미국과의 관계에서 벗어나려고 했지만 설탕 재벌들은 자신들의 이익을 위해 오히려 하와이 왕국을 미국에 합병시키려 음모를 꾸몄어. 1893년, 미국 해병대가 하와이에 상륙했고 하와이에는 임시정부가 세워졌지. 미국은 하와이에 대한 진상 조사를 벌여 하와이 왕국의 정통성을 회복시키는 길이 미국이 해야 할 일이라고 결론을 내렸어. 그런데 이번에는 하와이 임시정부 대통령인 샌퍼드 돌이 거부했지. 미국은 다시 진상 조사를 벌였고, 샌퍼드는 백인들만 시민권자로 인정하는 하와이 공화국을 세웠어.

　1895년, 청일전쟁에서 승리한 일본이 필리핀과 하와이를 노린다는 소문이 들리기 시작했어. 1896년 11월, 미국 대통령에 당선된 사람은 팽창주의자인 매킨리였어. 미국은 하와이를 전략적 요충지로 삼고 있었기 때문에 1897년 7월에 하와이를 합병하는 길을 택했지. 미국의 진보적 주간지였던 〈더 네이션〉은 미국의 하와이 합병을 '설탕의, 설탕에 의한, 설탕을 위한' 합병이라고 비난했어.

하와이 제도의 왕 칼라카우아

인공감미료 사카린의 발견

콜럼버스가 아메리카 대륙에 도착했을 당시만 해도 사탕수수는 다른 나라에서 온 사치품에 불과했어. 하지만 2009년, 미국에서 설탕과 시럽을 비롯한 당糖의 연평균 소비량은 140만 파운드로 독일이나 프랑스보다 50퍼센트가 많았지. 심지어 세계 최다 인구인 중국 소비량의 9배에 달할 정도로 미국은 거대한 설탕 제국이 된 거야.

1879년, 미국에서 세계 최초의 인공감미료 사카린이 발명됐어. 사카린은 설탕보다 300에서 500배나 당도가 높지만 안전성에 문제가 있었어. 1977년, 캐나다에서 쥐를 이용해 사카린의 안전성 실험을 했는데 그 쥐가 방광암이 걸린 거야. 하지만 2001년, 미국 식품의약국은 여러 실험을 거친 끝에 사카린이 인간에게 해가 없다는 걸

설탕으로 만든 공예 작품

결혼식 피로연이나 파티에 가면 층층이 쌓아 올린 크림 케이크에 초콜릿이나 설탕으로 아름답게 장식된 공예품을 본 적이 있을 거야. 이것을 설탕 공예라고 해. 18세기에도 설탕 조각의 장인들이 있었어. 1720년, 오스만튀르크의 궁정화가 레브니는 술탄 아흐메드 3세의 아들을 위한 축하 잔치에 설탕으로 된 조각상을 정원에 설치했어. 작품들이 너무 무거워 작품 하나를 옮기는 데에도 성인 열여덟 명이 필요할 정도로 거대한 조각이었지. 지금은 프랑스 제과장 시험에 필수 과목일 정도로 설탕 공예는 인기를 끌고 있어.

설탕 공예 작품

론을 내리고 식품첨가물로 인정해 주었지. 그 외에 수크랄로스, 아스파탐 등의 인공감미료가 발견되었지만 아직 설탕을 대체할 완벽한 감미료는 찾지 못했어.

3. 살롱 문화를 꽃피운 커피

아주 우연한 커피의 발견

커피에 대해 전해지는 아주 재밌는 이야기를 들려줄게. 커피의 기원은 9세기경 에티오피아의 한 양치기로부터 시작돼. 양치기 칼디는 밤새도록 잠을 자지 않고 흥분해 있는 양들을 보고 이상하게 여겼어. 그 원인이 무얼까 생각하던 칼디는 낮에 양들이 먹은 붉은색 나무 열매를 의심하게 되었지. 다음 날 그는 양들이 먹었던 그 나무 열매를 먹어 보았어. 자신도 양들과 같은 기분이 들었지. 나무 열매를 들고 수도원에 있는 성직자에게로 가서 자신이 겪은 경험을 얘기해 주었어. 성직자는 불길한 열매라고 하면서 열매를 불 속으로 던져 버렸어. 그런데 불이 꺼지고 난 자리에 검은콩 같은 것이 보이는 거야. 성직자는 그것을 물에 타서 먹어 보았지. 성직자도 양치기와 같은 느낌을 받았어. 커피는 결국 수행자들에게 잠을 쫓아내는 최고의 음료가 되었지. 어른들이 많이 마시는 커피는 이렇게 탄생한 거야.

  커피는 에티오피아에서 아라비아로 전파되었어. 공식적인 자료에 의하면 10세기 페르시아의 내과 의사 라제스의 의학 서적에 처음으로 등장해. 커피 열매를 달여서

커피나무의 붉은 커피 열매와 볶은 커피콩

환자들에게 먹여 보았더니 기운을 돋우거나, 소변이 잘 나오게 하는 이뇨 작용에 효과가 있다는 것을 발견했지. 커피는 음료가 아닌 약으로 먼저 사람들에게 다가왔어.

커피가 음료로 각광 받은 것은 13세기 중반으로 추정하고 있어. 1470년경에는 아프리카에서 아라비아반도 남부 예멘으로 커피나무가 들어왔지. 이때부터 이슬람 성지인 메카와 메디나에서도 사람들이 커피를 마시는 문화가 생겼어.

15세기 중엽, 예멘의 수피교 수도원에서도 커피를 재배해 음료로 마셨다는 기록이 있어. 수피즘은 이슬람교에서 신비주의 사상을 띤 종파로, 신과 하나가 되는 것을 목적으로 한 종교야. 금욕과 고행을 중시하고 청빈한 생활을 이상으로 삼는 사람들에게 커피는 좋은 음료였지. 이슬람 사람들은 이슬람 사원인 모스크에서 밤을 새워 신에게 기도하는 것이 최고의 찬양 행위였는데, 커피는 카페인 성분 때문에 잠을 오지 않게 하고 식욕도 떨어뜨리는 효과가 있어서 큰 도움이 되었던 거야.

그런데 아랍 문화에서는 식사를 할 때 뜨거운 음식을 호호 불며 먹으면 안 된다는 규칙이 있었어. 신이 인류를 만들 때 코에 입김을 불어 살아나게 했기 때문에 인간이 신을 따라 해서는 안 된다는 논리였지. 그래서 신성한 모스크 안에서 커피를 호호 불며 마시는 것 자체가 잘못된 행위였어. 결국 메카에서는 1511년에 총독의 명으로 커피 금지령이 내려졌지. 커피가 코란의 가르침에 어긋나고 인간을 타락시킨다는 이유였어. 하지만 맘루크 왕조(1250-1517년)가 반종교적인 행위를 할 때만 커피를 마실 수 없음을 선언하면서 사람들은 다시 커피를 마실 수 있게 되었지.

커피 전파의 1등 공신, 오스만튀르크

이슬람 사람들에게 커피는 중요한 상품이었어. 이슬람 사원 내에서만 커피를 재배하고, 외부로 가지고 나가는 건 허용되지 않았지. 그런데 이슬람 종교가 여러 나라로 전파되자 성지 순례를 하기 위해 메카로 모여든 사람들이 커피 맛에 흠뻑 빠지고 말았어. 인도의 이슬람 승려 바바부단은 커피 종자를 몰래 빼내 남인도로 가져와 재배를 시작했지. 이슬람 독점 품목이었던 커피는 세계로 빠르게 전파되었어.

커피 전파의 1등 공신은 오스만튀르크야. 오스만튀르크 제국을 건설한 튀르크인은 '돌궐족'이라는 이름으로 우리 역사에도 등장해. 몽골 초원에 살아서 고구려와 싸우기도 하고 동맹을 맺기도 했지. 튀르크족은 9세기 무렵 서쪽으로 이동해 많은 국가를 세웠어. 그중 셀주크튀르크와 오스만튀르크는 제국을 건설할 만큼 강대한 나라였어. 몽골의 침략으로 셀주크튀르크가 멸망하자 1299년에 오스만은 자신이 이슬람교 국가 군주인 술탄이라고 선언하며 오스만튀르크를 세우지.

오스만제국은 전쟁을 통해 세력을 확장시켰고 발칸반도를 비롯해 그리스 북부까지 점령했어. 다급해진 동로마제국은 교황에게 도움을 요청했어. 교황 보니파시오 9세는 십자군을 결성해 이슬람 정복에 나섰지. 하지만 1396년 9월, 병원 기사단과 여러 제국이 참여한 십자군은 오스만의 바예지드 1세에게 크게 패하고 말았지.

1451년에 즉위한 메흐메드 2세는 동로마제국 정복에 한걸음 더 다가갔어. 동로마제국 수도인 콘스탄티노플을 점령하겠다고 마음먹었지. 지중해와 유럽을 잇는 교역로가 필요했기 때문이야. 육군과 해군의 총공세가 이어졌어. 콘스탄티노플은 결국 '이슬람의 도시'란 의미의 이스탄불로 이름이 바뀌게 되지. 이후 1536년, 오스만제국은 커피 생산지인 예멘을 정복했고 이슬람과 기독교 접점 지역인 홍해도 장악했지. 무역선들이 지나는 바다를 접수하면서 오스만제국의 위상은 점점 높아갔어.

세계 최초의 커피 하우스

16세기 초, 9대 술탄 셀림 1세 때는 오스만제국 최고의 번성기였어. 그는 이집트를 정복하고 커피를 가지고 돌아왔지. 1554년, 이스탄불에 세계 최초의 커피 하우스가 문을 열었어. 그곳은 '현자賢者의 학교'로 불리며 많은 사람들이 모여들었지. 커피의 향과 맛을 즐기며 담소를 나누는 지금의 카페와 같은 곳이었어.

이슬람 지도자들은 커피의 맛

15세기 오스만제국의 커피 하우스

과 향이 코란의 가르침에 맞지 않는다며 금지령을 내렸어. 하지만 생활 깊숙이 파고든 커피 문화를 더 막을 수 없어서 금지령은 금세 해제되고 말았지.

커피 하우스는 이슬람력 9월에 행하는 라마단 기간이면 절정을 이루었어. 커피 때문에 이런 속담들이 생겨날 정도였지. "커피는 지옥처럼 검어야 하고, 죽음처럼 진해야 하며, 사랑처럼 달콤해야 한다." 커피는 시간이 갈수록 사람들에게 예찬받는 음료가 되었어.

이슬람이 장악한 커피 문화는 1615년경 이탈리아의 베네치아로 옮겨 갔어. 유럽인들도 금세 커피의 맛과 향에 빠져들었지. 1640년에는 예멘의 모카에서 난 커피를 네덜란드 무역상이 수입해 팔기 시작했어. 아라비아, 모카 이런 지명들이 참 낯익지? 커피 상품 이름들이야. 커피를 생산하는 곳이 커피의 상품 이름이 된 거지.

커피가 유럽 문화를 바꾸다

유럽과 이슬람 사회의 종교적 갈등은 상품에 대해서도 예외가 아니었어. 기독교를 믿는 유럽에서 이슬람의 산물인 커피를 받아들이기 힘들었던 거야. 하지만 교황 클레멘스 8세가 커피를 두고 '축복의 음료'라고 선언하면서 문제는 자연스럽게 해결되었어.

1645년, 베네치아에 커피 하우스가 최초로 생겼어. 뒤이어 영국, 프랑스, 독일 등 다른 유럽 지역에서도 커피 하우스가 등장했지. 커피 하우스는 정보를 교환하는 비즈니스의 장으로 활용되면서 유럽의 사회 문화에 큰 영향을 끼쳤어. '1페니의 대학'으로 불릴 만큼 커피 하우스는 교육과 문화에 대한 향수를 느낄 수 있는 곳이었지.

1652년에는 영국 최초의 커피 하우스가 옥스퍼드에서 문을 열었어. 이후 시칠리아 출신의 파스카 로제가 런던에 커피 하우스를 열었지. 오스만튀르크와 무역을 하던 에드워즈는 하인이었던 로제가

17세기 런던의 커피 하우스

끓여 주는 커피가 너무 맛있어 직접 커피 하우스를 열어 주었어.

당시 영국은 최초의 시민혁명인 청교도혁명이 일어난 시기였지. 사람들은 청교도의 엄격한 규율에 따라 금주禁酒를 해야만 했어. 수질이 나빠 물보다 술을 더 많이 마시던 사람들은 자연스럽게 커피를 마시기 시작했지. 술독에 빠져 있던 유럽을 커피가 구한 것이나 다름없었어.

커피 하우스는 평등사상과 공화주의 이념을 전파시킨 장소이기도 했어. 커피 하우스에 모인 사람들은 자유롭게 마시고 즐기며 이야기를 나누었는데, 정부나 왕에 대한 험담이 빠지지 않았지. 왕정복고를 꿈꾸던 영국의 찰스 2세는 자신에 대한 비방이 입에서 입으로 퍼지자 커피 하우스를 폐쇄하라는 명령까지 내렸어. 커피 하우스를 민주주의의 진원지라 생각해 막으려 한 것이지. 하지만 국가 세금 감소와 반대 여론 때문에 곧 철회할 수밖에 없었어.

1674년에는 남성들이 커피 하우스에만 있고 집안일에 신경을 쓰지 않는다는 이유로 여성들이 커피를 금지시켜 달라는 청원서를 제출하기도 했어. 그럼에도 불구하고 커피 하우스는 점점 늘어나 런던에서만 3천 개가 넘을 정도였지.

18세기 계몽주의의 중요한 거점이 된 프랑스 살롱

1688년 무렵에는 에드워드 로이드라는 사람이 런던의 타워 스트리트에 로이드 커피 하우스를 열었어. 이곳에는 무역, 보험과 관련된 직업인들이 많이 모여들었지. 로이드는 그들의 최신 정보를 모아 〈로이드 뉴스〉라는 소식지를 만들었어. 훗날 세계 최대의 보험 회사인 런던 로이드 기업으로 성장하는 바탕이 되었지.

영국의 커피 하우스와 같이 프랑스의 살롱에서도 커피 문화가 확산되었어. 그곳에서 정치, 경제, 문화 등 다양한 이야기들이 오가면서 자유와 평등, 개혁 사상들이 피어나기 시작했지. 살롱은 18세기 계몽 사상가들의 중요한 거점이 되었어. 이곳에서의 자유로운 논쟁은 훗날 프랑스 혁명의 정신적 씨앗을 싹틔워 주었지.

착한 소비와 공정 무역

커피를 이야기할 때 항상 따라오는 개념들이 있어. 바로 '착한 소비'와 '공정 무역'이야. 착한 소비는 소비자가 제품 생산 과정에서 비윤리적이거나 부당한 방법이 동원되지 않았는지 등을 따져 제품을 소비하는 일을 뜻해. 공정 무역은 무역하는 과정에서 상호 간의 혜택이나 이익이 적정하게 배분되고 동등하게 거래가 이루어지는 걸 말하지.

요즘 유명 커피 전문점의 커피 한잔 값은 3천 원 이상이야. 그런데 커피를 생산하는 사람이 커피 한 잔의 커피콩을 팔 때 50원 정도의 가격을 받는다고 하면 생산자는 적정한 가격을 받고 있는 걸까? 또 소비자는 적정한 가격으로 상품을 소비하고 있는 걸까? 당연히 불공정한 거래라 생각할 거야. 중간에 이득을 취하는 사람에 비해 커피를 생산한 농민들에게는 너무 적은 돈이 돌아가고 있으니까. 그래서 최근에는 중간 이윤을 줄이고 생산자와 소비자를 직접 연결하자는 운동이 활발히 일어나고 있어. '생활협동조합'을 만드는 것이 바로 그런 경우야. 소비자는 생산자에게 적정한 가격을 지불하고 착한 소비를 할 수 있는 기회가 마련되지.

착한 소비를 하려면 먼저 공정 무역이 이루어져야 해. 그 첫걸음은 사람들이 많이 소비하는 커피, 초콜릿 등이 어떠한 환경에서 생산되고 거래되는지 아는 거야. 중간 유통 상인들을 거치지 않고 물건을 적정 가격에 사들여 중간 이익을 생산자에게 더 많이 돌려주자는 의도로 시작된 것이 공정 무역이지. 이렇게 하면 커피콩을 생산하는 아프리카나 동남아시아 농민들도 가난에서 벗어날 수 있는 환경이 조성돼 일석이조의 효과가 발생할 수 있어.

똑똑 상식!

우리나라의 커피 하우스, 다방

우리나라에서 커피에 대한 최초의 기록은 1895년 간행된 유길준의 《서유견문》이야. 유길준은 조선말의 개화 운동가로 우리나라 최초의 일본 유학생이었어. 그는 미국과 유럽도 순방하면서 보고 느낀 것을 이 책에 담았지. 그 책에는 "우리가 숭늉을 마시듯 서양인들은 커피를 마신다."고 적혀 있어.

그럼 우리나라에서 커피를 처음 즐긴 사람은 누굴까? 바로 고종이야. 고종은 조선의 26대 왕이자 대한 제국의 황제이며 비극적 죽음을 맞이한 명성황후의 남편이기도 하지. 파란만장한 삶을 산 고종이 커피를 즐긴 이유도 우리나라의 역사와 깊은 연관이 있어.

'아관파천'이라고 들어봤니? 아관파천은 1896년 2월 11일 친러 세력과 러시아 공사(나라를 대표하는 외교 사절)가 계획을 세워 비밀리에 고종을 러시아 공사관으로 옮긴 사건이야. 당시는 우리나라의 내정을 간섭하기 위해 일본과 러시아가 힘겨루기를 하고 있었지. 이때 고종은 공사관에서 처음으로 커피를 접하고 커피 애호가가 되었어. 커피는 처음 우리나라에 들어왔을 당시 영어 발음을 한자로 적어 '가배', '가비'라고 불렸어. 서양에서 들어온 탕국이라 하여 '양탕국'이라고도 했지.

외국 사신이나 대신들이 즐기던 커피가 대중들에게도 전파되었어. 사교의 장소였던 커피 하우스가 '다방'이라는 이름으로 우리나라에 생긴 거지. 다방은 원래 고려 시대 궁중 연회나 사신들을 접대하기 위한 관청이었어. 1927년 우리나라 최초의 영화감독이었던 이경손은 한국인 최초의 커피 하우스 '카카듀'를 개업했어. 다방은 주로 작가나 예술인들의 소통의 장으로 이용되었지.

고종과 순종이 커피를 마신 휴게실로 사용된 덕수궁 정관헌

4. 대중문화가 된 홍차

쓴맛에 붉은빛이 감도는 약

커피가 들어오기 전까지 동양에서는 주로 차茶를 마셨어. 차는 원래 차나무의 잎을 우린 음료를 가리켜. 주변에서 쉽게 구할 수 있는 꽃이나 잎, 뿌리 등을 말리거나 가공해 대용차로 마시면 자연의 맛을 그대로 느낄 수가 있어. 마음을 안정시키고 육체의 피로를 푸는 데 차만 한 음료가 없어.

18세기 초 영국에서 차는 귀한 상품이었어. 차와 설탕을 몰래 숨기고 자물쇠로 잠글 정도였으니까. 그중 홍차는 최고의 인기를 누렸지. 서양 사람들은 왜 홍차에 매력을 느낀 걸까?

차에 대한 기록을 남긴 첫 서양인은 포르투갈의 수도사 가스파르

다 크루즈Gaspar da Cruz라는 사람이야. 그는 《중국에 관한 연구》라는 책에서 홍차를 '약간 쓴맛이며 붉은색이 감도는 약'이라고 소개했어. 이후 1577년 명나라에 들어온 포르투갈 상인들은 명나라에 무역 기지를 설치해 비단, 향신료에만 관심을 둘 뿐 차에는 관심이 없었어.

차를 유럽에 처음 소개한 사람들은 네덜란드 상인이야. 네덜란드

세계 6위의 차 산지인 인도네시아 자바섬

는 1610년 중국과 일본에서 차를 구입해 식민지였던 자바섬을 거쳐 헤이그로 운송했어. 네덜란드 상류층 부인들 사이에서는 오후 두 시경 '티 파티Tea Party'를 열어 즐기는 것이 유행이 되었지. 홍차에 설탕이나 향신료인 사프란을 넣으면 손님에 대한 최고의 대접이었어.

1657년, 런던의 커피 하우스 개러웨이스Garraways에서 처음으로 차를 팔았어. 주인은 차를 팔기 위해 대대적인 광고를 했지. 차에 대한 자세한 설명과 효능을 전하면서 완전 음료라는 말도 덧붙였어. 상류층들이 이 좋은 음료를 마다할 리가 없었지. 귀족이나 부자들은 커피가 아닌 차를 마시기 시작했어.

1660년, 찰스 2세가 영국 왕으로 복위했어. 아버지 찰스 1세의 단두대 처형으로 고국을 벗어나 있던 그는 프랑스와 네덜란드로 망명해 살았지. 네덜란드와 좋은 관계를 유지하고 있던 그가 1662년 갑자기 포르투갈 공주인 캐서린과 결혼식을 올렸어. 해상무역을 장악하기 위한 정략결혼이었지. 캐서린은 혼

찰스 2세

수품으로 차와 설탕을 챙겨 영국에 왔어. 차는 당시 만병통치약으로 사용되었기에 만약을 대비한 조치였지.

그런데 찰스 2세는 바람둥이였어. 캐서린은 차를 마시며 고독을 달랬지. 왕비가 차를 마시자 귀부인들 사이에서도 차를 마시는 유행이 생겼어. 1663년, 영국의 시인이자 정치가 에드먼드 월러는 〈왕비 전하가 권장하는 차에 대하여〉라는 시로 왕비의 생일을 축하해 주기도 했어.

영국-네덜란드 전쟁과 뉴욕의 탄생

1664년, 영국 동인도회사가 국왕인 찰스 2세에게 선물할 목적으로 네덜란드 상인에게서 차를 샀어. 이것이 영국에서 차를 수입한 첫 공식 기록이야. 찰스 2세는 욕심이 많은 사람이었어. 해상무역을 장악하고 네덜란드가 점령한 지역을 차지하기 위해 다시 전쟁을 벌였지.

1664년 6월, 영국 함대는 아메리카로 향했어. 네덜란드가 장악하고 있던 뉴네덜란드를 공격하기 위해서였지. 뉴네덜란드는 지금의 미국 코네티컷, 뉴욕, 뉴저지, 델라웨어 주 지역으로 1600년대 초반 네덜란드의 식민지였어. 영국군은 뉴네덜란드의 수도인 뉴암스테르담까지 진격하며 승전보를 올렸지만 이내 네덜란드에 역공을 당했어. 1667년, 네덜란드는 남아메리카 북부에 있는 영국 식민지 수리남을 점령하고 영국 남부까지 공격했지. 다급해진 찰스 2세는 민심을 달래기 위해 서둘러 브레다 조약을 체결했어. 이 조약을 통해 영국은 뉴네덜란드를, 네덜란드는 수리남 점유를 각각 인정하기로 했어. 영국은 네덜란드의 흔적을 지우기 위해 뉴네덜란드의 수도 뉴암스테르담을 '뉴욕New York'으로 바꾸었지. 이때부터 아메리카에 차가 유행하기 시작했어.

차의 유행과 식사 문화의 변화

1689년 12월, 영국 의회는 권리장전을 제정했어. 명예혁명(1688년)이후 나타난 국민과 의회의 권리를 보장하는 인권 선언이었지. 이후 영국은 전제군주가 절대 권력을 행사하는 전제군주제에서 군주의 권력이 헌법에 의해 일정한 제약을 받는 입헌군주제로 바뀌는 큰 정치 변화가 일어났어. 명예혁명으로 폐위된 제임스 2세의 뒤를 이어 그해 4월 윌리엄 3세와 메리 2세 부부가 영국의 공동 왕위에 즉위했어. 그들은 네덜란드에서 살다 왔기 때문에 티 파티 문화를 즐기고 있었지. 메리 2세는 천연두로, 윌리엄 3세는 폐렴으로 세상을 뜨자 자식이 없었던 그들을 대신해 메리 2세의 여동생 앤이 여왕이 되었어. 앤도 오리엔트 문화를 즐기고 있었어. 중국산 다기, 찻잔, 설탕 그릇은 부와 권력의 상징이 되었지. 궁중과 귀족의 식사 습관도 변했는데 이때부터 아침 식사가 고기에서 차와 빵으로 바뀌기 시작했어.

녹차와 홍차는 어떻게 다를까?

우리나라에서 '차茶'라고 하면 보통 녹차Green Tea를 떠올려. 하지만 서양에서 소비되는 차의 대부분은 홍차Black Tea야. 녹차와 홍차는 모두 같은 차나무 잎으로 만들어. 단지 제조 방법에 따라 찻잎의 화학적 변화가 달라지지. 찻잎에 있는 폴리페놀 성분의 산화 정도에 따라 녹차와 홍차로 나뉘어져. 산화는 산소와 화합하는 반응 혹은 수소를 상실하는 반응을 말해. 녹차의 산화도는 10퍼센트도 되지 않는 반면 홍차의 산화도는 85퍼센트 이상이지. 동양 사람들은 찻물의 빛이 붉어서 홍차紅茶라 부르지만, 서양 사람들은 찻잎의 색깔이 검어서 '블랙 티(검은색 차)'라고 불러.

홍차▷
▽녹차

17세기 말까지 차는 커피 가격의 다섯 배에 달했기 때문에 귀족들만 마실 수 있는 사치품이었지. 1717년, 영국 최초의 티 하우스 '황금사자Golden Lion'는 여성들에게 인기가 많았어. 찻잎을 파는 동시에 시음해 보는 기회를 제공했거든.

1732년에 문을 연 플레저 가든Pleasure Garden은 차 문화에 또 다른 변화를 가져왔어. 음악, 산책, 음식, 오락과 춤 등을 차와 함께 즐기는 여가 문화를 선보였지. 플레저 가든보다 작은 티 가든Tea Garden은 청춘 남녀의 데이트 코스로 유행했어. 남성이 마음에 드는 여성에게 "화이트 티 하우스에 가서 차나 한잔 할까요."라는 말로 데이트를 신청하는 것이 관례일 정도였으니까.

영국에서 차가 유행한 이유

영국의 차 수입은 1720년 무렵에는 총 수입의 4.5퍼센트를 차지했어. 커피는 8.1퍼센트였지. 그런데 10년 뒤인 1730년에는 차 수입이 총 수입의 18.5퍼센트, 커피는 9퍼센트로 바뀌게 돼. 그 이유는 네덜란드와의 커피 공급 경쟁에서 영국이 밀렸기 때문이야. 네덜란드는 식민지 자바섬에서 커피를 재배해 수출할 수 있었지만 영국은 그럴 수 없었거든. 대신 영국은 차 수입에 대한 관세를 낮춰 중국에서 차를 대량으로 구입했어. 그중 홍차는 모든 계층으로 전파되었어. 18세기 초반, 농업기술이 발달하면서 농민들과 숙련 노동자들의 수입이 증가하자 사치품이라 여겼던 설탕, 담배, 차 등을 서민들도 즐길 수 있게 된 거야.

1760년대에 시작된 영국의 산업혁명은 노동자들의 삶을 크게 변화시켰어. 물건을 대량으로 더 빨리 만들기 위해 자본가들이 생산시설을 기계화로 바꾸기 시작했지. 노동자들은 기계의 속도에 맞춰 생산력을 더 높이기 위해 쉴 새 없이 일을 해야 했어. 가난한 사람들은 식사를 준비할 시간조차 부족해서 설탕을 넣은 홍차를 마셔 칼로리를 보충했지.

칠년전쟁과 보스턴 차 사건

1756년, 폴란드 남서부의 슐레지엔 영토를 둘러싼 칠년전쟁은 영국의 차 관세를 무려 119퍼센트나 올리는 계기가 된 사건이야. 칠년전쟁은 표면적으로 오스트리아와 프로이센의 싸움이었어. 하지만 해외 식민지를 둘러싼 영국과 프랑스, 러시아 등 유럽 열강들이 세력 확장을 노린 싸움이기도 했어.

전쟁 준비를 위해 돈이 필요했던 영국은 차 관세를 올릴 수밖에 없었어. 18세기 세계대전이라고 할 만큼 치열하게 전개된 전쟁이 끝난 뒤, 영국은 프랑스가 점령했던 캐나다, 인도 등을 확보하고 유럽 강국의 지위를 확고히 다졌지.

    1773년에 일어난 '보스턴 차 사건'은 미국을 커피 마시는 나라라는 이미지로 남게 한 사건이야. 영국의 동인도회사가 재정난을 겪자 영국 정부는 동인도회사에 차를 팔 수 있는 독점권을 주었어. 차 수입이 불가능해진 미국 상인들은 극렬히 반발했고, 일부 과격 단체가 원주민 복장으로 동인도회사 배에 올라가 차를 모두 보스턴 항구에 던져 버렸어. 미국 사람들은 즐겨 마시던 홍차 대신 커피를 묽게 해

보스턴 차 사건

마시기 시작했지.

영국 정부는 식민지인 보스턴 주민들에게 단호하게 대처했지만 영국 수입 물품에 대한 불매운동은 커져만 갔어. 다른 지역에서도 영국에 대한 저항이 심해졌지. 결국 미국은 '혁명정부'를 구축해 1775년 영국군과 무력 충돌을 벌였어. 미국은 더는 영국의 지배를 받는 식민지가 아닌, 자치와 자유를 추구하는 사회로 변화하고 있었어. 보스턴 차 사건은 미국 독립 혁명의 단초를 제공한 중요 사건으로 역사 속에 남아 있어.

중국과 영국의 아편전쟁

1840년 6월, 영국과 청나라의 아편전쟁이 시작되었어. 아편은 양귀비의 즙액을 건조시켜 만든 마약과도 같은 물질이야. 아편전쟁은 영국이 자신들의 식민지인 인도에서 나는 아편을 중국으로 몰래 수출하면서 벌어진 싸움이었지. 영국은 중국으로부터 많은 양의 차를 수입해 발생한 무역 적자를 아편 수출로 메우려 했어. 당시에는 국가 거래에서 금과 은을 화폐로 사용했지. 영국은 차를 수입하기 위해 은을 계속 청나라에 줘야 했어. 영국은 은 부족 현상에 시달렸지. 반면 영국이 청나라에 수출하는 인도산 면직이나 동남아시아 향신료 등은 잘 팔리지 않았어. 손해라고 생각한 영국은 동인도회사를 통해 아편을 청나라에 몰래 수출하려고 했지.

아편을 동인도회사에서 직접 파는 것은 문제가 있었어. 동인도회사는 영국 국왕의 특허로 설립된 회사였거든. 그래서 1797년부터는 밀수출하기 위한 조치를 취했어. 바로 지역 상인들을 통해 경매를 하는 방법이었지. 아편을 독점 판매하는 권리를 가졌던 동인도회사는 원가의 8배 되는 가격에 아편을 팔았고, 상인들은 더 높은 가격을 매겨 청나라에 수출했어. 당시 청나라 하층민들 사이에서 아편이 크게 유행하자 아편 대금으로 많은 양의 은이 빠져나갔고 경제가 흔들리기 시작했지.

화가 난 청나라 정부는 1796년 아편 흡연을 금지했어. 1800년에는 아편 수입과 양귀비 재배를 금지시켰지. 그런데도 아편 수입은 오히려 늘어나 1830년대에는 청나라에 대한 영국 수출 총량의 3분의 2가 아편이었어. 귀족이나 서민, 심지어 병사들까지 아편을 흡입해 1830년 후반 아편중독자 수가 최소 200만 명에 이르렀지.

영국 국외로 반출되었던 은이 아편 밀수출로 다시 영국으로 들어오기 시작했어. 영국은 청나라에 시장을 더 많이 개방할 것을 요구했지만 청나라는 아편 거래 및 중독에 대해 엄격한 정책을 펼쳤어. 청나라의 아편 단속은 영국 정부의 심기를 건드렸고 두 나라는 결국 아편전쟁을 벌였지.

　영국은 청나라에 대한 정치, 군사, 경제 등의 조사를 마친 상태였어. 영국 함대는 중국으로 돌진했지. 반면 영국 군사력에 대한 정보가 없었던 청나라는 다급한 나머지 협상으로 전쟁을 마무리하려 했지. 하지만 영국이 거세게 청나라를 압박하자 청나라는 1842년 8월에 서둘러 난징조약을 체결할 수밖에 없었어. 난징조약으로 청나라는 영국 정부에 홍콩을 넘기고 다섯 개 주요 항구를

개방하며, 1845년까지 영국 정부에 아편 보상금을 포함한 총 2,100만 멕시코 달러를 지불해야 했어. 그 보상금은 당시 청나라 연간 재정 수입의 5분의 1에 달하는 금액이었지. 중요한 것은 아편 금지 조항이 없었다는 거야. 전쟁이 끝났지만 아편은 청나라로 더 많이 수입되었고 청나라의 무역 적자는 계속 늘어만 갔어.

청나라가 아편전쟁을 끝내기 위해 영국과 맺었던 불평등 조약인 난징조약

자유무역과 티 레이스

영국의 동인도회사는 250년 동안 청나라의 차를 독점 수입했어. 그런데 1833년 영국이 무역 자유화 조치를 선언하자 영국의 다른 무역 회사와 상인들까지 경쟁에 뛰어들었어. 신선한 차를 누가 얼마나 빠르게 소비자에게 전달하느냐를 두고 불꽃 튀는 티 레이스Tea Race가 시작되었어.

당시 배들은 돛을 달아 바람의 힘으로 움직이는 범선帆船이었는데 미국은 영국의 상선을 능가할 새로운 배를 개발했어. '클리퍼Clipper'라 불리던 이 배는 높은 돛대 세 개를 달아 속도를 향상시켰지. 미국은 독립 이후 무역로를 개척하면서 경제 발전이 빠르게 진행되는 상황이라 청나라 차 시장은 좋은 기회였어. 미국의 오리엔탈 호가 운송한 청나라 차는 신선했기에 기존보다 두 배나 높은 가격에 팔려 나갔어.

쾌속선을 통한 티 레이스는 돈내기가 벌어질 정도로 사람들의 흥미를 끌었어. 그러나 1869년 완공된 수에즈운하의 개통과 석탄으로 움직이는 증기선의 등장으로 티 레이스의 흥미는 시들해졌지.

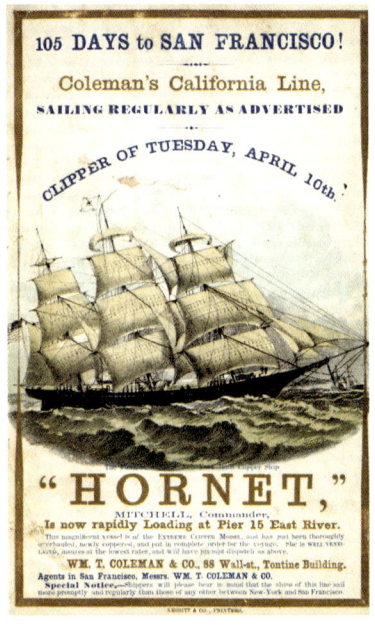

1850년대 아메리카 클리퍼 선박

똑똑 상식!

홍차와 어울리는 음식들

홍차와 함께 먹는 음식들을 티 푸드Tea Food라고 해. 특별히 정해진 것은 없지만 케이크나 스콘, 쿠키를 곁들이거나 식사용으로 샌드위치를 차와 함께 먹지. 그런데 티 푸드에 얽힌 재미있는 설화가 전해져. 사람들이 한 끼 식사 대용으로 간단히 먹는 '샌드위치Sandwich'는 영국 해군 제독이었던 샌드위치 백작에서 유래했어. 카드놀이에 빠져 자주 식사 시간을 놓치곤 했던 샌드위치 백작이 어느 날 시간을 아끼기 위해, 구운 빵 사이에 다양한 재료를 넣어 가지고 와서 먹었어. 그 모습을 다른 친구들도 보고 따라 하기 시작했지. 이후 만들기 쉽고 가지고 다니기에도 편리한 샌드위치가 널리 유행하게 되었어.

'스콘Scone'은 성스러운 돌의 명칭에서 유래했어. 이 돌은 스코틀랜드 왕의 대관식에 사용했던 돌이야. 그런데 잉글랜드가 강제로 돌을 빼앗아 가 버렸고, 약 700년의 세월이 흐른 뒤 엘리자베스 여왕이 이 돌을 스코틀랜드에 돌려주었어. 스코틀랜드 국민들은 나라를 되찾은 것처럼 기뻐하며 이 일을 기념하기 위해 돌의 이름을 붙인 과자를 만든 거야. '아름다운 빵'을 의미하는 네덜란드어 스쿤브로트Schoonbrot에서 비롯되었다고 말하는 사람도 있어.

샌드위치

스콘

5. 인류의 식생활을 바꾼 **향신료**

수수께끼 같은 후추와 고추의 기원

향신료는 음식에 독특한 향이나 맛을 더하는 조미료를 말해. 깻잎, 파프리카, 파슬리 같은 것들이 대표적인 향신료들이야. 향신료는 세계사에 큰 영향을 미쳤어. 첫 번째, 식습관의 변화를 일으켰다는 점이야. 요리의 맛과 향을 좌우하면서 음식을 단지 먹는 것이 아닌 느끼고 즐기는 것으로 바꾸어 놓았어. 두 번째, 향신료를 둘러싼 무역 전쟁이 발생했다는 거야. 그만큼 경제적인 가치가 높았지. 세 번째, 세계의 문화를 이어 주는 역할을 했어. 세계 곳곳에서 나온 향신료는 문화 전도사 역할을 톡톡히 해냈지.

기원전 2세기경, 중국 한나라의 7대 황제인 무제는 당시 한나라

변방을 어지럽히는 흉노를 견제하기 위해 서역의 월지라는 나라에 사신을 보내 동맹을 요청하기로 했어. 서역은 중국의 서쪽에 있던 나라들을 통틀어 이르는 말인데, 당시는 서역으로 가는 길이 개척되어 있지 않았기 때문에 미지의 땅으로 불렸어. 한무제는 장건이라는 신하에게 월지와 동맹을 맺고 함께 흉노를 공격하자는 약속을 받아 오라는 명령을 내렸지. 장건은 100여 명의 수행원들과 함께 서역으로 길을 떠났어. 온갖 어려움을 겪으며 월나라에 도착했지만 동맹을 맺는 데는 실패하고 다시 우여곡절 끝에 고향을 떠난 지 13년 만에 귀국했어. 비록 임무를 완수하지는 못했지만 장건은 서역에 관한 많은 정보를 가져왔고, 이후 장건이 개척한 길은 '실크로드'라 불리며 중국과 서역간의 경제적, 문화적 교류의 물꼬를 트게 돼. 동서양의 만남이 이루어지는 길을 연 것이지. 고국으로 돌아온 장건은 여러 희귀한 서역의 물건들을 가지고 왔는데, 그중에 '호초胡椒'라는

검은 후추

향신료가 있었어.

하지만 역사학자들은 후추의 기원을 기원전 100년쯤으로 보고 있어. 힌두교도들이 자바섬이라는 곳에서 처음 재배했다고 추정해. 7세기경 유럽인들은 후추가 열리는 나무에 후추를 수호하는 뱀이 있다고 믿었어. 그래서 나무를 태워 독사를 쫓은 다음 후추를 가져와야 한다고 여겼지. 후추의 알맹이가 검은 이유도 나무를 태웠기 때문이라고 생각했어.

또 다른 향신료인 고추는 중앙아메리카와 남아메리카에서 유래했어. 지금의 멕시코 일대의 북아메리카 원주민들이 기원전 7000년 무렵부터 먹기 시작했다고 전해져. 이후 다양한 품종이 나왔고, 15세기 말 아메리카 대륙에 도착한 유럽 사람들이 배에 고추를 싣고 나가 전 세계로 전파되었지.

고추

로마제국의 성장과 향신료 수요의 증가

향신료 수요가 증가한 이유는 로마제국의 성장과 관련이 있어. 기원전 24년, 아우구스투스 황제는 이집트 총독이었던 갈루스에게 향신료 교역 독점을 지시했어. 그런데 갈루스는 무역이 이루어지는 지점을 잘 알지 못했고 결국 실패로 끝났지. 다행히 인도 사절단이 아우구스투스 황제를 만나 교역망을 갖추고 싶다고 말하면서 다시 무역이 시작되었어.

매운 맛이 나는 이유는?

카레 전문 음식점에 갔어. 이란에서 왔다는 요리사 아저씨는 매운 단계에 따라 카레를 주문하라고 일러주었지. 매운 음식을 잘 먹는다고 제일 높은 단계를 시켰다가는 그 자리에서 쓰러질지도 몰라. 매운 맛이 나는 이유는 '캡사이시노이드'라는 물질 때문이야. 우리나라에는 청양 고추가 맵기로 유명하지. 매운 맛의 정도를 나타내는 것을 스코빌 지수라고 해. 미국의 약학자 윌비 스코빌이 캡사이시노이드를 측정한 것을 수치로 나타낸 거야. 뉴멕시코의 그린 칠리는 1,500 스코빌인 반면 인도 아삼 지역에서 나는 부트 졸로키아 칠리는 100만 1,000스코빌로 기록되었대.

부트 졸로키아 칠리

로마제국에서 후추는 가장 많이 쓰이는 향신료였어. 중요한 상품이라 관세가 붙었지. 문제는 로마까지 오는 데 걸리는 시간이었어. 인도에서 아라비아 상인을 거쳐 로마에 오기까지 너무 많은 시간이 걸려 곰팡이가 핀 후추가 많았지.

로마 시대에 베레니케는 남에서 북으로 오는 향신료 교역의 중심지 역할을 했어. 최근 그곳에서 기원전 1세기 것으로 추정되는 페퍼콘peppercorn, 즉 말린 후추가 발견되었지. 북쪽에 있는 독일에서도 페퍼콘이 발견된 걸 보면 향신료 교역은 꽤 오래전부터 유럽에서 이루어지고 있었던 거지.

"향신료는 목표고, 계절풍은 수단이다."라는 말이 있어. 유럽인들은 향신료를 얻기 위해 계절풍을 이용해 바닷길을 오갔어. 동쪽으로 왔다가 유럽으로 돌아가는 항해선에는 늘 향신료 향이 풍겼지.

유럽인들은 왜 먼 바닷길을 항해하는 위험을 무릅쓰면서까지 향신료를 획득하려고 했을까? 당시 유럽에서는 조미료가 많이 쓰이지 않았어. 음식의 맛과 향이 없었지. 유럽인들은 음식의 풍미를 더하는 향신료를 접하고는 그 매력에 빠져들었어. 향신료는 음식의 맛을 돋울 뿐만 아니라 방부와 살균 작용을 해서 재료가 썩거나 변질되는 것을 막아 오랫동안 보존할 수 있도록 했거든. 향신료는 독특한 향이 나서 식재료 자체에서 나는 나쁜 냄새를 없애는 데도 이용되었

로즈마리

세이보리

보리지

어. 로즈마리는 향뿐만 아니라 살균과 소독, 벌레를 쫓는 방충 작용을 했고, 세이보리와 보리지 같은 향신료는 슬픔과 고민을 잊도록 도와주는 효능이 있었지.

동서 문화의 교류 역할을 한 향신료

476년, 게르만족의 이동으로 로마제국은 멸망의 길로 들어섰어. 로마제국의 몰락으로 향신료 교역망도 무너진 셈이었지. 610년, 마호메트는 유일신 알라를 외치며 이슬람교를 창시했어. 1000년 무렵 이슬람 민족은 북쪽으로 에스파냐 남부, 동쪽으로 말레이반도까지 진출했어. 아라비아 향신료 상인들은 중국이나 인도로 직접 가기보다는 지금의 스리랑카 일대인 실론이나 말레이반도에서 중계무역을 하는 것이 실용적이라는 것을 알았지.

기독교인들은 팔레스타인과 예루살렘을 이슬람교도로부터 되찾기 위해 11세기 말에서 13세기 말 사이 십자군 전쟁을 벌였어. 이 전쟁으로 유럽인들은 동방의 새로운 문화와 기술을 접할 수 있었지. 베네치아와 제노바 상인들은 교역 거점을 세우고 무역에 온 힘을 쏟았어. 지중해를 중심으로 향신료 교역이 다시 활발해지기 시작했지. 십자군 전쟁은 유럽 사회의 식습관을 변화시켰어. 아라비아 요리사들이 예루살렘에 거주하는 프랑크족의 상류층 가정에 고용되면서 귀족들은 손님을 접대할 때도 사프란이나 시나몬과 같은 고급 향신료를 사용하여 자신들의 부를 은근히 과시했지.

12, 13세기 유럽인들은 섬유와 금속을 향신료와 물물교환하기 위해 먼 길을 마다하지 않고 왔어. 향신료가 귀하고 신비로운 물품이었기 때문에 당시 유럽인들은 연인과의 사랑, 친구 사이의 우정 증표로 특정한 향신료를 주고받기도 했지. 심지어 말린 후추 열매인 페퍼콘은 임대료와

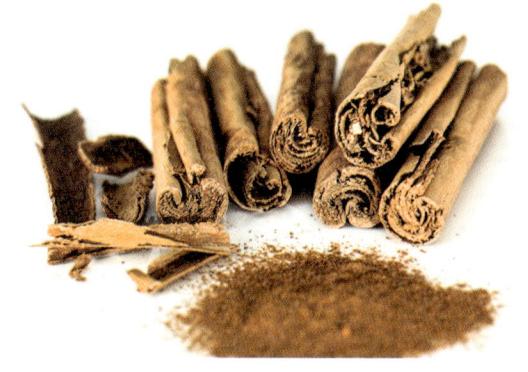

시나몬

세금, 통행세를 내는 화폐처럼 쓰였어. 1393년 독일에서는 향신료 넛메그 1파운드(약 450그램)를 황소 일곱 마리와 맞바꿀 정도였지.

향신료를 둘러 싼 세계 전쟁

14세기에 등장한 오스만제국이 지중해를 장악하자 서유럽인들은 고민에 빠졌어. 결국 향신료 교역을 하기 위해 더 멀리, 더 새로운 곳을 찾아가는 탐험의 시대가 열렸지. 16, 17세기는 향신료를 차지하기 위해 치열한 경쟁이 벌어졌어. 인도 서남부 말라바르 해안은 검은 황금이라 불리는 후추가 생산되는 곳이었어. 이 최고의 향신료를 차지하기 위해 유럽, 아라비아, 동아시아 상인들까지 몰려들었지.

인도네시아의 몰루카 제도도 향신료 제도라 불릴 만큼 탐험가들이 탐내는 지역이었어. 당시 향신료는 아라비아의 커피, 아프리카의 상아, 중국의 비단, 인도의 면과 교환하는 최고의 가치 상품이었거든. 16세기 중반, 포르투갈은 아프리카를 거쳐 인도와 몰루카 제도로 가는 교역로를 개척했고, 에스파냐는 멕시코에서 마닐라를 거쳐 태평양을 건너는 서쪽 항로를 개척했지. 그러자 영국은 북쪽으로 가는 항로를 개척하며 본격적인 무역 전쟁에 뛰어들었어.

포르투갈의 탐험가, 바스쿠 다 가마

1498년, 포르투갈의 탐험가 바스쿠 다 가마는 유럽과 아시아를 잇는 역사적인 탐험을 시작해. 인도 말라바르 서쪽 캘리컷 항에 도착한 그는 힌두교도의 지배자인 사마린을 만나 옷, 설탕, 꿀 등을 바치며 페퍼를 얻기를 원했어. 하지만 사마린은 보잘것없는 상품에 화를 내며 그들을 도적 떼라고 평했고, 이후 포르투갈 탐험가들은 향

세상에서 가장 비싼 향신료는?

세상에서 가장 비싼 향신료는 사프란이야. 향신료의 여왕이라고 불리기도 하지. 보통 1그램의 사프란을 얻기 위해서는 200-500개의 암술을 말려야 해. 모든 작업이 수작업으로 이루어지기 때문에 한때는 금보다 비싸기도 했지. 금빛 오렌지색의 사프란은 고대 그리스와 로마 시대에 왕실 의상을 염색하는 데 쓰였어. 지금은 고급 요리의 향신료나 의류, 화장품에 쓰이고 있지. 천연두를 앓는 환자나 빈사 상태의 환자가 차로 마시면 죽음에서 벗어날 수 있을 만큼의 약효도 지니고 있다고 전해져.

사프란

사프란 말린 암술

신료를 얻기 위해 더 훌륭한 선물을 준비해야만 했지.

당시 향신료 교역은 이슬람, 페르시아, 아라비아 상인들이 독점하고 있었어. 1500년, 포르투갈 탐험가들은 카브랄의 지휘 아래 완전 무장한 함대를 이끌고 리스본을 떠나 인도양으로 출발했지. 희망봉을 돌아 서남쪽으로 향하던 그들은 항로를 잘못 들어 남아메리카의 브라질에 도착했어. 다시 항해를 시작한 그들은 고국을 떠난 지 6개월 만에 캘리컷 항에 도착했어. 이번에는 사마린이 교역소를 허락했지. 카브랄은 선물로 코끼리를 주기 위해 이슬람 배 한 척을 나포했어. 몹시 화가 난 이슬람 상인들이 교역소를 급습해 포르투갈 사람들을 죽이자 카브랄은 총과 대포로 이슬람 배를 불사르고 상인들을 죽였지. 이슬람 세력과의 첫 번째 교전이었어.

이 소문이 삽시간에 퍼지자 이슬람 상인들은 총과 대포로 무장한 포르투갈과 싸우다가는 큰일 난다는 것을 깨닫고 그들을 후하게 대해 주었어. 카브랄 일행은 향신료를 가득 싣고 고국인 리스본으로 무사히 돌아

바스쿠 다 가마

왔지. 리스본은 서유럽 물품 교역의 중심지로 떠올랐어.

유럽 무역의 새로운 강자, 네덜란드

포르투갈이 세계를 무대로 무역을 하는 동안 유럽을 중심으로 교역을 넓혀 간 나라가 있었어. 유럽의 여러 강과 발트해 주변을 장악한 네덜란드였지. 네덜란드는 16세기 중반까지 에스파냐의 가톨릭 왕의 통치를 받고 있었는데, 1566년에 칼뱅파 신교도가 무장투쟁을 일으켰어. 1579년에는 북부 일곱 개 주가 위트레흐트동맹을 맺고 독립 전쟁을 벌였어. 암스테르담을 중심으로 똘똘 뭉친 연합국은 결국 네덜란드를 탄생시켰지.

1594년, 네덜란드는 인도네시아 항해를 시작으로 향신료 무역을 통한 엄청난 수익을 챙겼지. 1601년에는 65척의 배로 구성된 14개 함대가 동인도제도로 출발했지만 지나친 경쟁으로 파산하는 회사가 생겼어. 경제적인 결속이 이루어지지 않았던 거야.

1602년, 논쟁 끝에 자체 동인도회사를 세워 힘을 모은 네덜란드는 1605년에 포르투갈이 지배하던 몰루카 제도를 빼앗았어. 1621년에는 유럽과 브라질 무역의 3분의 2를 장악할 만큼 빠르게 성장해 갔지. 그리고 에스파냐와 포르투갈에 맞서 아메리카, 아프리카의 무역을 장악하기 위해 서인도회사를 세웠지. 1641년, 말레이반도에 있는 말라카마저 손에 넣은 네덜란드는 향신료 무역의 새로운 강자로 떠올랐어. 향신료의 지배권이 강화되면서 관리에도 신경을 써야만 했어. 하지만 원주민과의 문화적인 차이, 독점에 대한 거부 등으로 마찰을 빚기도 했지.

네덜란드를 향한 영국의 반격

17세기, 유럽의 여러 나라들은 인도와 동남아시아 일대 나라들과 교역을 위해 동인도회사를 세우고 무역을 독점했어. 1600년에 설립된 영국 동인도회사는 향신료 무역의 시작점이었지만 네덜란드의 등장으로 영국의 향신료 교역은 큰 타격을 입었어.

원래 두 나라는 1619년에 맺은 조약에 따라 협력의 관계를 유지하고 있었어. 하지만 1623년에 일어난 '암보이나 학살'은 영국인들의 마음에 반네덜란드 감정을 뿌리 깊게 내리게 했어. 네덜란드 총독이었던 헤르만 반 스페울트가 영국 길드 사무소를 습격해 불법 침입이라는 죄명으로 직원들을 체포한 사건이었지. 그중 열 명의 영국인을 처형까지 하고 말았어. 네덜란드가 동방 교역의 주도권을 잡기 위해 벌인 일이었지. 영국인들은 분노했지만 향신료 제도에서 철수할 수밖에 없었어.

   1665년, 이번에는 영국이 1616년에 반다 제도의 룬 섬을 차지하고 있던 네덜란드를 쫓아냈어. 암보이나 학살 사건에 대한 복수였지. 화가 난 네덜란드인들은 다시 룬 섬으로 들어가 영국인들을 쫓아내고 넛메그라는 향신료를 파괴해 버렸지. 영국은 그 복수로 신대륙인 뉴암스테르담(지금의 뉴욕)을 목표로 잡고 군함 한 척과 무역선 세 척으로 함대를 꾸려 아메리카로 향했지. 당시 네덜란드 총독은 인원과 배에 대한 잘못된 보고를 받고 겁에 질린 나머지 성급히 항복을 선언해 버렸어. 이 사건으로 브레다 조약이 체결되었고 영국은 뉴암스테르담을 차지하고 네덜란드는 작은 룬 섬을 가지게 되었지. 이를 계기로 영국은 인도와 북아메리카, 카리브해로 발걸음을 옮겨 식민지 건설에 더 박차를 가했어.

신대륙의 칠리페퍼와 헝가리의 파프리카

향신료는 주로 인도양을 중심으로 세계로 퍼져 나갔어. 하지만 신대륙에서 발견된 향신료 칠리페퍼는 반대로 서쪽에서 동양으로 전파되었지. 칠리페퍼는 중앙아메리카나 남아메리카의 토착 음식이야. 기원전 5천 년부터 재배되었고 화살촉에 바르는 독으로 사용되었어. 아메리카 대륙에 처음 도착한 콜럼버스는 이 식물에 별로 관심이 없었어. 반면 그와 동행한 의사 알바레스 찬카는 칠리페퍼를 요리보다는 약으로 사용하는 데 관심을 가졌지. 칠리페퍼는 새 환경에 맞게 다양한 품종으로 개량되었어.

파프리카는 헝가리의 국민 향신료라 불려. 파프리카와 관련한 재미있는 이야기가 하나 전해져. 17세기 동유럽을 지배한 오스만제국의 총독은 아름다운 헝가리 소녀를 자신의 첩으로 삼았는데 그 소녀는 어떤 농부 소년을 사랑하고 있었어. 밖에 나가지 못하고 온종일 집에 머물던 소녀는 정원에 있는 식물에 관심을 가지게 되었고 터키인들이 빨간 열매를 빻아 음식 맛을 내는 것을 발견했지. 그 열

파프리카

매의 씨를 몰래 거두어 둔 소녀는 총독의 비밀 통로를 통해 매일 밤 소년을 만나러 갔어. 소년은 소녀가 준 씨앗을 심었고, 1년 뒤에 파프리카를 수확하게 되었지. 어린 소년과 소녀의 사랑이야기는 파프리카를 헝가리 최고의 향신료로 만들어 놓았어.

영원한 삶을 약속했던 향신료

후추는 원래 음식이 아닌 방부제로 사용됐어. 이집트인들은 파라오 람세스 2세의 미라 코 안에 둥근 후추 열매를 넣어 두었지. 또 무덤 안에 유향을 넣어 두면 그 연기가 하늘로 올라가 신의 세계로 데려간다고 믿었어. 유향은 열대식물인 유향수의 분비액을 말려 만든 약재로 방부제로도 쓰여. 유향이 제례 의식에 빠지지 않는 이유이기도 하지. 《성경》의 〈신약-마테복음〉을 보면 동방박사 세 명이 아기 예수의 탄생지인 베들레헴에 찾아가 황금과 유향, 몰약을 선물로 바치고 경배했다는 얘기가 있어. 몰약은 시신의 방부제로도 사용된 물질인데, 유향과 몰약은 예수의 부활을 의미해서 황금과 그 가치를 비교할 수 없을 만큼 고귀한 것이었지.

몰약	유향

3장
아름다움으로 세상을 물들이다

1. 영원히 빛나는 꿈의 상징, 금

영원불멸을 상징하는 금

텔레비전에서 오로라 현상을 본 적이 있지? 북유럽이나 알래스카, 그린란드 등에서 일어나는 신비스러운 현상 말이야. 하늘의 커튼이라고 부르는 오로라 현상과 금이 무슨 관련이 있냐고? 금의 원소 기호 AU가 바로 오로라Aurora에서 유래되었어. '빛나는 새벽'을 의미하는 오로라가 '빛나는 돌'이라는 뜻의 라틴어 'Aurum'에

영향을 줬지. 앞 두 글자를 따서 금의 원소 기호를 AU로 정한 거야.

금은 한자로 쇠 금金이야. '金' 자에 대한 어원은 크게 두 가지야. 하나는 금속을 녹이는 도가니 모양에서 발생했다는 설과 '지금 금今' 자에 '흙 토土' 안에 박혀 있는 광물을 표현했다는 설이 있지. 여기서

쇠는 철이라는 의미도 있지만 금속 전체를 말하기도 해. 금은 광물을 나타내는 대명사였던 거지. 금을 뜻하는 영어 단어 'Gold'는 인도·유럽어족의 공통 조어인 'Ghel-'에서 왔어. '노란색', '반짝이는', '빛나는'의 뜻을 가지고 있지.

기원전부터 인류는 금을 최고의 보물로 생각했어. 고대 이집트에서는 태양신을 숭배할 때 금으로 된 제례 도구를 사용했지. 태양신의 아들을 뜻하는 파라오 왕들의 관도 대부분 순금이었어. 무덤에서 나오는 유물들도 금으로 된 것이 많았지. 소년 왕 투탕카문의 유물 중에는 황금 가면도 있었어. 신의 피부가 황금으로 되어 있다고 생각했기에 왕의 몸을 황금으로 감쌌던 거야. 이집트 사람들은 금이 다른 금속과는 달리 변하지 않는 영원성을 가지고 있어서 왕이 죽은 뒤에는 신이 된다고 생각했어. 죽음 이후에도 그의 삶이 영원히 빛나길 바랐지.

이집트 동부 사막 누비아 지역에는 금 광산이 많았어. 당시에

투탕카문의 황금 가면

는 지금처럼 금을 캘 수 있는 장비가 없었는데, 손과 돌 같은 도구만 사용해 연간 1톤 정도의 금을 캤어. 발굴된 투탕카문의 관 속에 담긴 금의 양이 100킬로그램 정도였다고 하니 이집트는 그야말로 금의 왕국이었던 거야.

1972년, 지금의 불가리아 바르나 지역에서 한 굴삭기 기사가 전선을 파묻으려다가 우연히 유적지를 발견했어. 거대한 공동묘지였던 그곳은 무려 20년 동안 발굴이 진행되었는데도 아직 약 30퍼센트가 발굴되지 못한 상태야. 유적지에서는 신기한 고대 유물들이 출토되었는데, 총 294개 무덤에서 석기, 토기, 부싯돌뿐만 아니라 정교하게 만들어진 금과 구리 그릇이 나왔어. 순금 부장품은 6킬로그램 정도였어.

2004년, 이곳의 유물들을 방사성탄소연대측정법을 통해 살펴본 결과 대략 기원전 4800-4200년 전에 있었던 문명과 관련 있는 것으로 밝혀졌어. 바르나 문명 혹은 바르나 네크로폴리스로 불리는 이 문명은 사람들의 큰 관심을 끌었지. 그중 43호 무덤에서는 동시대 유적에서 발견된 금의 전체 양보다 많은 1.5킬로그램의 금 장식품이 나와 세계를 놀라게 했어.

황금의 나라, 신라의 사금 채취

5세기경 만들어진 신라 금관
(금령총 출토)

사금은 모래나 자갈에 섞여 있는 금을 말해. 금은 모래보다 밀도가 크기 때문에 모래가 물에 쓸려 내려간 뒤 밑에 가라앉게 되지.

삼국시대에 사금 채취로 '황금의 나라'로 불린 국가가 있었어. 경주를 중심으로 삼국 통일을 이룬 나라, 바로 신라야. 신라의 유물들을 보면 유난히 금이 많아. 금관, 금 목걸이, 금 허리띠 등 신라의 금세공 기술은 세계 최고였어.

역사학자들은 금광이 존재하지 않았던 신라에서 어떻게 금 장식품을 많이 만들어 낼 수 있었을까 하는 의구심을 가졌어. 다른 나라와의 무역으로 금을 수입했다고 생각했지. 그런데 2014년에 발표된 신라 시대 황금에 대한 논문에 따르면, 신라의 금 장식품이 경주 주변 강에서 채취한 사금으로 만들었을 거라는 주장이 나와. 그 증거로 논문의 저자가 직접 사금을 채취해 순도 70-80퍼센트에 이르는 금을 보여 주기도 했지. 2015년에는 경주 월성 하천에서 나뭇잎 모양이 아닌 둥근 모양의 희귀 사금이 발견되기도 했어.

황금을 찾기 위한 여정

이탈리아 여행가 마르코 폴로가 1271년부터 1295년까지 동방을 여행하고 기록한 《동방견문록》은 서양인들에게 동방에 대한 환상을 심어 줬어. 이 책이 인도나 일본을 황금의 나라로 묘사하고 있기 때문이야. 아메리카 대륙에 처음 도착한 콜럼버스도 이 책을 읽고 황금을 찾기 위해 항해를 떠났지. 아메리카에 도착한 유럽인들은

《동방견문록》

금을 챙기기 위해 원주민들을 마구 학살했는데, 학살 당한 원주민 수가 1억 명에 이를 정도였어.

콜럼버스는 아메리카에서 금을 찾지는 못했어. 신대륙에서 최초로 금을 발견한 사람은 에르난 코르테스라는 에스파냐 사람이었어. 1521년, 그는 멕시코에 존재했던 아스테카왕국을 정복하고 금을 약탈했지. 뒤를 이어 프란시스코 피사로라는 사람이 잉카제국을 무력으로 정복해 금을 빼앗았어. 금맥을 찾기 위해 수많은 원주민이 동원되었고, 유럽에서 전파된 병원균으로 많은 원주민이 목숨을 잃었지. 아프리카에서 노예무역으로 팔려 온 흑인들도 금을

캐는 데 동원되었어.

유럽의 가격혁명과 대영제국 건설

금광을 찾아 나섰던 사람들은 1545년 현재의 볼리비아에서 은광을 발견했어. 채굴된 은이 유럽으로 유입되자 은화 가치가 크게 하락했고, 유럽 전체가 물가 상승으로 이어지는 가격혁명이 일어났어. 예를 들어 은화 한 개로 살 수 있는 물건을 은화 두 개를 줘야 살 수 있게 된 거지.

농민들에게 빌려주었던 땅 이용 대금을 화폐로 받았던 영주들은 물가가 상승하면서 불리해졌어. 비싼 돈을 주고 물건을 사야 했으니 이전보다 지출이 많아진 거야. 반대로 농노와 수공업자 등은 물건을 가지고 있었기에 물가가 상승하면 이득이었어. 가격혁명은 봉건 영주들의 몰락을 초래했지만 중소 농민이나 수공업자, 상인에게는 지위를 높일 수 있는 계기를 마련해 주었지. 그래서 가격혁명을 상업혁명이라 부르기도 해.

16세기 에스파냐의 무적함대 아르마다Armada는 거칠 것이 없었어. 에스파냐는 아메리카 대륙에서 금을 약탈하고 해외 무역을 주도하려고 했는데 문제는 영국이었어. 영국의 엘리자베스 여왕은 해

에스파냐의 무적함대

군력을 강화하면서 에스파냐를 자극했어. 1588년, 에스파냐의 펠리페 2세가 무적함대를 영국으로 진격시켰지만 처참하게 패하고 말았지. 바람을 등지고 싸운 영국군이 더 유리한 위치에 있었던 거야. 영국은 기세를 몰아 브라질에서 금광을 발견하고, 포르투갈로부터 금을 빼앗아 대영제국을 건설하기에 이르지.

해상무역을 장악한 영국은 전쟁이 아닌 무역으로 막대한 이익을 챙기기 시작했어. 아메리카 대륙에서는 담배와 설탕으로, 노예무역

상들에게는 생활 잡화와 총기를 팔아 노예와 맞바꾼 뒤 다시 아메리카 대륙에서 비싸게 팔았지. 훗날 금을 토대로 영국은 세계 금융의 중심에 서게 돼. 가격 변동이 심한 은을 통화에서 제외하고 금을 기준으로 단위 화폐의 가치를 재는 금본위제를 실시했지. 19세기 후반, 금본위제를 토대로 영국 통화인 파운드는 세계 경제를 좌지우지할 만큼 그 가치가 높아졌어.

가자, 서부로! 골드러시

미국 샌프란시스코의 미식축구팀 이름은 '포티나이너스49ers'야. 이 팀의 유니폼과 헬멧에는 황금색이 담겨 있지. '49ersForty-Niners'는 1849년 캘리포니아주로 금을 캐러 몰려든 사람들을 통칭해 이르는 말이야. 그래서 시련을 이겨낸 개척자 혹은 꿈의 도전자와 같은 진취적 의미로 쓰이지.

 1848년 1월, 캘리포니아 콜로마의 아메리칸 강 부근 공사장 배수로에서 사금이 발견됐어. 사금을 발견한 사람들은 그 사실을 비밀에 부치기로 했지만 소문은 삽시간에 퍼져 나갔지. 1848년 8월, 〈뉴욕 헤럴드〉가 캘리포니아주의 금광 소식을 전했고, 12월에는 제임스 포크 대통령이 의회 연설을 통해 그 사실을 인정했어.

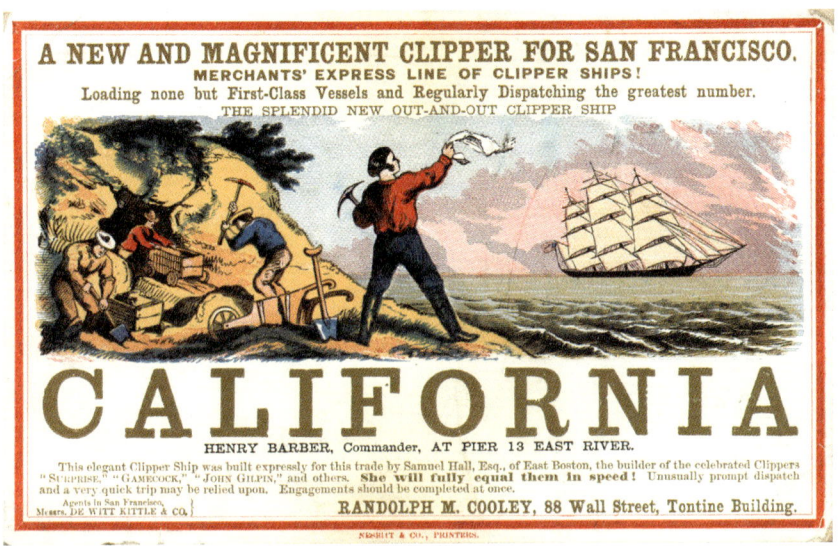

캘리포니아 골드러시 광고

　금광을 발견했다는 사실이 전 세계에 알려지면서 1849년, 본격적인 골드러시Gold Rush가 시작되었어. 미국뿐만 아니라 유럽, 중남미, 심지어 중국 사람들까지 금을 찾아 캘리포니아로 몰려들었지. 금광이 발견된 초창기인 1848년에 캘리포니아로 온 사람들은 노다지를 캤어. 노다지는 금과 은 같은 광물이 많이 묻힌 광맥을 가리키는 말이야. 초창기 한 달에 일 년 치 수입을 올릴 수 있을 정도였던 캘리포니아 금광은 뒤늦게 몰려든 사람들로 엄청난 경쟁이 벌어졌어. 그래도 사람들은 부푼 꿈을 안고 계속 캘리포니아로 몰려들었지. 캘리포니아주의 항구 도시 샌프란시스코는 1846년 당시 인구가

200여 명에 불과했는데, 8년 뒤에는 무려 3만 6천 명이 거주하는 대도시가 되었어. 1848년에서 1858년까지 채굴된 금의 가치만 해도 약 5억 5천만 달러나 됐어. 초기에는 금을 캐서 가지는 사람이 임자였지만 1872년 미국 광산법이 생기면서 개인이 마음대로 금을 캐는 일이 불가능해졌지.

금의 통화가치

기원전 635년, 금속을 녹여 만든 화폐가 최초로 만들어졌어. 금과 은을 섞은 이 주화는 가장 오래된 화폐로, 고대 그리스와 로마제국에서 사용되었지. 13세기 초, 원나라에서 종이 화폐가 등장하기 전까지 금은 최고의 안전 자산으로 화폐 역할을 톡톡히 해냈어. 그러나 제조 기술이나 가격 면에서 금속화폐보다 뛰어난 종이 화폐가 점차 유럽으로 전파되면서 화폐의 중심이 종이 화폐로 옮겨 가기 시작했지. 하지만 종이 화폐의 가치를 완전히 신뢰할 수는 없었어. 1816년, 영국은 일정량의 금 가치를 기준으로 화폐 단위의 가치를 재는 '금본위제도'를 시행하기에 이르러. 모든 국가의 통화를 금과 동일 비율로 고정해 놓으면 종이 화폐의 가치가 안정적일 수 있다고 본 거야.

그런데 제1차 세계대전으로 금본위제는 무너지고 말았어. 전쟁 준비를 위해 돈이 필요했던 나라들이 돈을 마구 찍었기 때문에 종이 화폐의 가치가 안정적으로 유지될 수 없었지. 이후 세계 각국은 '변동환율제도'를 시행하고 있어. 환율 기준을 고정하지 않고 외환시장에서의 수요와 공급에 따라 자유 변동이 가능하도록 함으로써 유연하게 대처하고자 한 거지.

세계 금 위원회 WGCWorld Gold Council가 2015년에 발표한 세계 100개국 중앙은행의 금 보유량 자료에 따르면 세계에서 금을 가장 많이 가지고 있는 나라는 8,133.5톤을 보유한 미국이야. 2위는 3,381톤을 보유한 독일, 3위는 2,814톤을 보유한 국제통화기금IMF이야. 우리나라는 104.4톤으로 세계 34위에 위치해 있어. 미국은 우리나라 금 보유량의 78배 정도의 금을 가지고 있어. 금은 최고의 안전 자산이기 때문에 강대국들은 세계 경제가 불안할 때 안전 자산을 확보하기 위해 금을 많이 보유하고 있지.

새로운 경제 대국으로 떠오르고 있는 중국과 신냉전 시대의 강자로 서고자 하는 러시아도 금을 빠른 속도로 사들이고 있는데, 중국과 러시아의 금 보유량을 합치면 약 3,300톤이나 돼. 경제 전문가들은 세계 경제를 주도하는 미국을 견제하기 위해 중국과 러시아가 경제 연합을 결성할 거라고 예상하고 있어.

1kg 골드바   860kg 금광석에서 나온 순금 30g

그런데 한국은행에서 보유한 금은 지금 어디 있을까? '당연히 우리나라에 있겠지.' 하고 생각하면 오산이야. 영국의 잉글랜드 은행에 맡겨 놓고 있어. 영국 런던에 금속 거래소가 있어서 금을 빌려주고 이자를 받는 대여 거래를 할 수 있거든. 금을 숨겨 놓기보다 투자를 통해 활용하면 자산 운용을 하는 데 더 효과적이기 때문이지.

금메달은 진짜 금으로만 만들어졌을까?

운동선수라면 누구나 꿈꾸는 금메달. 올림픽을 볼 때마다 금메달을 딴 선수들은 기쁨의 눈물을 흘리면서 시상식 맨 위에 올라서지. 그리고 사진을 찰칵 찍을 때 취하는 포즈, 바로 금메달을 깨무는 거야. 금메달이 정말 금으로 만들어졌는지 확인하는 걸까?

선수들은 아쉽겠지만 금메달은 순금으로 만들어지지 않았어. 금과 은, 그리고 다른 광물의 합금이야. 국제올림픽위원회IOCInternational Olympic Committee는 금메달에 들어가는 금속의 함량을 금은 최소 6그램, 은은 최소 92.5퍼센트가 넘도록 정해 놓았어. 금메달은 실제 대부분 은으로 만든 메달인 거야.

금메달의 가치는 돈으로 환산할 수 없어. 선수들의 땀과 열정, 인내가 담겨 있기 때문이지. 그래서 우리는 열심히 노력해 성공한 사람들의 인생을 보면서 '금메달감'이라는 말을 하지.

메달을 깨물어 보는 국가 대표 선수들

2. 약속의 가치를 판매한 다이아몬드

사랑의 징표가 된 보석

다이아몬드는 지구에서 가장 단단하고 아름다운 물질이야. 그래서 '영원한 사랑'을 상징하는 결혼 예물로 많이 쓰이지. 다이아몬드는 기원전 800년 전쯤, 인도에서 처음 발견되었다고 알려져 있어. 하지만 다이아몬드가 예물로 쓰인 역사는 비교적 짧아. 다이아몬드가 약속의 대명사가 되기까지는 오스트리아 대공 막시밀리안의 약혼반지와 드비어스De Beers라는 회사 광고 이야기가 한몫했지.

   1477년, 열여덟 살의 막시밀리안 대공은 프랑스 버건디 왕국의 마리 공주에게 청혼을 하면서 잘 다듬은 다이아몬드 반지를 선물했어. 역사상 처음으로 정밀하게 다듬어 만든 다이아몬드 약혼반지였지. 막시밀리안은 공주의 아버지 샤를에게도 M자가 박힌 다이아몬드를 여러 개 보냈어. 샤를은 최상품 다이아몬드로 만든 최고급 보석을 가지길 원했거든. 막시밀리안은 다이아몬드를 보내서 장인어른에게 점수를 따고 싶

막시밀리안 대공

다이아몬드는 어떤 물질일까?

다이아몬드는 탄소 동소체同素體야. 쉽게 말해 탄소라는 한 원소로 이루어져 있지만 다른 성질을 가진 물질을 말해. 우리가 알고 있는 석탄과 연필심으로 사용하는 흑연도 바로 탄소로 이루어진 물질이지. 탄소를 나타내는 영어 'Carbon카본'은 '석탄'을 뜻하는 라틴어 'Carbo카르보'에서 왔어. 다이아몬드는 압축된 석탄의 한 종류일 뿐이지. 하지만 다이아몬드의 분자 구조는 이 세상 어떤 것으로도 표현할 수 없는 아름다운 형태를 띠고 있어.

다이아몬드는 광물 가운데 가장 단단한데, 다이아몬드라는 이름도 '파괴할 수 없는'을 뜻하는 단어 'Adamantine애더맨틴'에서 유래했지. 그 이름만큼, 두 번째로 단단한 광물인 사파이어보다 50배나 더 단단해. 그래서 강함과 영원함을 상징하는 보석이 되었지.

었던 거야. 그런데 왜 M자를 새겨 넣은 걸까? M은 돈을 의미하는 Money, 신부가 될 마리Mary를 의미하기도 했지만 진짜 의미는 합병을 뜻하는 'Merger'의 약자였지. 당시 결혼은 왕족들 간의 토지 거래를 위한 절차나 마찬가지였어. 막시밀리안은 마리와 결혼함으로써 벨기에와 네덜란드를 차지하고자 했던 거야. 약혼반지는 훗날 막시밀리안을 신성로마제국의 황제 자리에 오르게 하는 밑거름이 되었지.

혁명의 전주곡이 된 다이아몬드 목걸이

1775년, 프랑스는 국왕 루이 16세가 미국의 독립 혁명을 지원하면서 군사비를 과도하게 지출해 재정 위기 상황에 빠졌어. 가난과 굶주림에 시달리던 국민들은 세금을 더 낼 여력이 없었지. 나라 재정이 어려운 상황이었지만 루이 16세의 아내 마리 앙투아네트는 다이아몬드 647개로 만든 최고급 목걸이를 하고 다닐 만큼 사치가 심했어.

 왕비의 옆에는 질투심이 강한 라 모트 백작 부인이 있었어. 라 모트 부인은 왕비가 값비싼 다이아몬드 목걸이를 왕 몰래 사려 한다는 거짓 음모를 꾸몄지. 목걸이와 돈을 모두 가로챌 속셈이었어. 그리고 왕비에게 모든 비난이 돌아가도록 만들었지. 시민들은 부패한 왕정을 가만둘 수 없었어. 결국 국왕 루이 16세와 왕비 마리 앙투아네트는 국고를 낭비하고 오스트리아와 공모해 반혁명을 시도했다는 죄명으로 처형당했어. 당시 혁명 지도자들은 다이아몬드 사건을 프랑스 대혁명의 전주곡이라고 평가하기도 해.

저주의 보석, 블루 호프 다이아몬드

다이아몬드에 얽힌 여러 가지 이야기가 전해지고 있어. 특히 1600년대 중반 인도에서 발견된 호프 다이아몬드는 저주의 보석으로 소문이 나 있지. 그 다이아몬드를 소유한 주인이 모두 불운한 운명을 맞았기 때문이야.

112캐럿짜리 청색 다이아몬드를 처음 발견한 인도인은 페르시아 군에 피살되었어. 1643년부터 1715까지 72년간 프랑스를 통치했던 태양왕 루이 14세는 이 호프 다이아몬드를 67캐럿짜리로 조각해 소유하고 있었는데 천연두로 사망하고 말지. 그것을 물려받은 루이 16세도 단두대에서 최후를 맞았어.

1830년, 영국의 은행가이자 부호였던 헨리 호프가 이 다이아몬드를 구입했지만 몇 년 뒤에 파산하고 말았어. 보석 전문가 수잔 스테이넘은 이런 사건들이 우연의 일치라고 주장하면서 자신이 직접 다이아몬드를 목걸이에 걸고 다녔어. 하지만 그의 가족들이 정신병을 앓거나 약물중독으로 사망하고 말았어. 1958년, 유명한 보석상 해리 윈스턴은 45.52캐럿의 블루 호프 다이아몬드를 구입해 미국 스미스소니언 박물관에 영구 기증하는 방법을 택했어. '희망Hope'이 아닌 20여 명의 목숨을 앗아간 '저주'의 다이아몬드는 여전히 세계에서 가장 신비로운 보석으로 남아 있지.

블루 호프 다이아몬드

다이아몬드 산업의 서막을 알린 발견

1870년, 남아프리카 오렌지강에서 한 소년이 야구공만 한 광물 하나를 건져 올렸어. 다이아몬드 역사상 가장 빛나는 순간이었어. 이후 오렌지강 일대는 다이아몬드 광산으로 변했고, '톤Ton' 단위로 채굴이 일어났지.

서구 열강은 천연자원을 차지하기 위해 아프리카를 마음대로 분할했어. 야망이 가득했던 영국 정치가 세실 존 로즈는 아프리카에서 시작된 다이아몬드 러시의 기회를 놓치지 않았어. 그는 1870년 남아프리카로 이주해 '영국 남아프리카회사'를 세웠지. 광부들에게 물펌프를 빌려 주며 사업을 시작해 다이아몬드 광산 채굴을 독점하는 큰 광산회사로 성장했어. 하지만 첫 번째 시련이 다가왔지. 다이아몬드 양이 많아지면서 가격이 떨어진 거야. 1882년 다이아몬드 시장이 무너지기 시작했어.

세실 존 로즈는 합병을 통해 공급량을 규제하자고 제안했어. 1890년 드디어 '드비어스 연합 광산회사'를 탄생시켜 남아프리카의 모든 광산을 소유하게 되었지. 공급량을 조절해 다이아몬드의 희귀성을 높이는 것은 시간 문제였어.

하지만 새로운 광산들이 계속 생기면서 차질이 생겼어. 1891년, 각고의 노력 끝에 생산량을 전년의 3분의 1로 줄이는 데 성공했지.

하지만 1900년대 초, 전 세계에 전쟁의 위기가 감돌자 다이아몬드 산업은 다시 붕괴하기 시작했어. 국가들은 다이아몬드 같은 사치품보다 전쟁 물자부터 우선 구축하려고 했거든. 그보다 더 큰 이유가 있었어. 1902년에 새로운 다이아몬드 광맥이 발견되었기 때문이야. 바로 오펜하이머 소유의 컬리넌 광산이었어. 드비어스 회사에서 생산되는 것보다 더 많은 양의 다이아몬드를 이곳에서 생산하기 시작한 거야. 제1차 세계대전이 끝나갈 무렵 두 회사는 합병을 통해 다시 한 번 공급량을 줄이고자 했어. 드비어스 회사 이름은 그대로 두는 조건으로 합병이 이루어졌고 오펜하이머가 회장이 되어 세계 다이아몬드의 90퍼센트를 손에 넣은 독점 기업이 탄생했어.

세실 존 로즈

하지만 계속해서 새로운 광맥이 발견되면서 새 회사들이 생겨났고, 오펜하이머는 다이아몬드의 공급량을 줄이는 것만으로 다이아몬드의 가치를 유지할 수 없다고 생각했지.

가치와 심리를 이용한 다이아몬드 마케팅

1929년, 뉴욕 주식거래소에서 시작된 대공황은 과잉생산, 실업 등 자본주의의 문제점을 그대로 드러내면서 세계 경제를 침체시켰어. 1933년, 미국은 뉴딜 정책을 통해 시장 경제에 적극적으로 개입했지. 경제가 회복기에 들어설 무렵 다시 제2차 세계대전이 일어났고 다이아몬드 산업은 하락하고 있었지.

세상은 변하고 있었어. 보석의 주요 소비자였던 귀족 신분이 사라지면서 사치품이었던 보석의 가치도 크게 바뀌었어. 다이아몬드의 새로운 소비층이 필요했지. 바로 뉴딜 정책 이후 나타난 중산층이었어. 1946년 드비어스가 실시한 조사에 따르면, 당시 중산층은 구매력은 있지만 재산이 아주 많지는 않았고 값비싼 보석에도 그다지 관심이 없었다고 해. 드비어스는 그들을 새로운 소비자로 만들어야 했어. 그래서 다이아몬드의 희귀성을 내세우기보다는, 다이아몬드가 필요한 보석이라는 점에 초점을 맞춰 홍보 방법을 세웠어.

예를 들어 결혼식을 할 때 다이아몬드 반지가 최고의 프러포즈 선물이라고 사람들에게 인식시키는 거야. 다른 사람이 결혼식 때 다이아몬드 반지를 받았기 때문에 나도 그 반지를 받고 싶다는 심리를 이용하는 거지. 거기다가 더 좋고 더 비싼 다이아몬드를 주고 받으면 남들보다 더 우월적 위치에 서 있는 것처럼 느낄 수 있어. 드비어스는 유명 배우들에게 다이아몬드 반지나 목걸이 등을 제공하면서 매체를 통한 간접 광고에 주력했어. '다이아몬드야말로 진정한 사랑의 증표'라고 대대적으로 광고했지. 드비어스는 다이아몬드의 품질 등급을 나누고 그 양을 조절해서 다이아몬드 산업을 부활시켰어. 드비어스가 판 것은 다이아몬드가 아니라 다이아몬드라는 가치였어. 희소가치와 경쟁 심리를 이용한 마케팅 방법이 성공의 열쇠였던 거야.

3. 동서 교류의 길을 연 비단

비단길의 첫 발걸음을 연 장건

'노마드Nomad'라는 말이 있어. 원래 '유목민'을 지칭하는 말이지만 '이동하는 사람'이라는 의미도 지니고 있지. 인류의 역사는 이동의 역사였어. 이동을 통해 인간의 발자취가 남겨진 가장 확실한 흔적, 바로 '길'이 만들어졌지. 그중 비단길Silk Road은 세계사에서 가장 위대한 길로 평가받고 있어. 동서양의 상품 무역뿐만 아니라 정치, 경제, 문화 등을 이어 준 길이었거든.

기원전 2세기, 중국 한나라 장건은 왕의 명을 받아 월지(지금의 우즈베키스탄 지역)라는 나라를 찾아 길을 나섰어. 월지와 동맹을 맺어 골칫거리인 흉노를 제압할 목적이었지. 장건은 월지가 어딘지도 모른 채 무조건 떠났어. 가는 도중 흉노에게 잡혀 10여 년 동안이나 억류를 당하기도 했지. 흉노족 아내와 결혼해 자식까지 낳았지만 임무를 잊지 않고 탈출에 성공해 결국 월지에 도착했어. 하지만 월지 왕은 한나라의 동맹 제안을 거절했어. 협상에 실패한 장건은 귀국길에 오르지만 다시 흉노에게 잡히고 말아. 몇 년을 머무르다 가까스로 탈출했고, 고국을 떠난 지 13년 만에 장안으로 돌아왔어. 장건이 월지를 찾아 내딛었던 첫걸음은 훗날 세계사에 길이 남는 비단길로 탄생하게 되었고, 그는 실크로드의 개척자로 역사에 기록되었어.

 장건은 긴 여행 동안 자신이 보고 들은 것을 한 무제에게 낱낱이 고했어. 그중 피땀을 흘릴 정도로 빨리 달린다는 한혈마汗血馬에 대한 이야기가 한 무제의 마음을 흔들었어. 말을 타고 싸우는 기마병을 흉노를 물리칠 최대 무기로 생각했지. 한나라는 대완국을 공격해 말 3천여 마리를 빼앗아 왔어.

 서역에 대해 알려지자 누구보다 상인들이 발 빠르게 움직였어. 중계무역으로 물건들이 활발하게 거래되기 시작했지. 훗날 독일 지리학자인 리히트호펜은 중국의 대표 교역품이었던 '비단'에서 이름을 따와 그 길을 '실크로드'라고 불렀어. 실크로드의 길이는 7천 킬로미터가 훨씬 넘어. 중국에서 시작해 중앙아시아와 터키의 이스탄불을 거쳐 로마에 이르는 대장정이었지.

동서양으로 전해진 상품과 문화

후한 시대 반초는 흉노를 쫓아낸 역사적인 인물이야. 74년, 사신 자격으로 지금의 중국 신장성 타림 분지 남동쪽에 위치했던 선선국이라는 나라에 도착한 그는 며칠 뒤 선선국에 들어온 흉노 사신단을 죽였어. 누명을 뒤집어쓴 선선국은 어쩔 수 없이 한나라와 동맹을 맺고 흉노를 쫓아내는 데 동조했지. 이후 서역의 50여 나라가 후한의 영향권 아래 놓이게 되었어.

타림 분지는 산에서 내려오는 물을 이용해야 해서 농사를 짓기에는 한계가 있었어. 실크로드가 열리자 타림 분지 사람들은 주로 무역 활동에 종사하게 되었지. 그중 이란계 백인종 소그드인들이 세운 나라 '강국康國'에는 독특한 풍습이 있었어. 아이가 태어나면 입에 꿀을 넣고 손에는 접착제인 아교를 쥐게 했어. 자식이 입으로 달콤한 말을 하고, 손에 들어온 물건과 돈은 꼭 잡으라는 뜻이었지.

중국의 비단은 화약, 종이와 함께 페르시아를 거쳐 로마로 들어갔어. 반대로 실크로드를 따라 아몬드, 포도 등의 식물과 오보에, 플루트 등의 악기, 보석들이 중국으로 들어왔지. 인도에서는 배와 향신료가, 페르시아에서는 공예품, 화장품, 호두, 서커스 등이 전해졌어. 동서양 상인들은 지금까지 보지 못했던 진귀한 상품들에 만족했지.

실크로드를 통해 전해진 것은 상품만이 아니었어. 1세기경에는 불교가 인도에서 중국으로 들어왔어. 불교는 동아시아로 퍼져 우리나라와 일본에까지 전해졌지. 불교는 종교의 의미를 넘어 국가의 정신적인 힘으로 작용하면서 그 나라의 역사에 큰 영향을 끼쳤어.

비단의 비밀을 파헤쳐라

기원전 3천 년경부터 사용되었다고 전해지는 비단은 중국 최고의 상품이었어. 비단은 로마에서 금과 같은 가치를 지녔기 때문에 서양 상인들은 비단을 얻기 위해 티베트를 거치는 험난한 여정도 마다하지 않았지. 중국은 비단의 지위를 유지하기 위해 누에고치가 해외로 나가는 것을 철저하게 막았어.

 동로마제국의 황제 유스티니아누스는 비단이 페르시아를 거쳐 수입되는 것이 못마땅했어. 당시 동로마제국은 페르시아와 전쟁 중이었거든. 유스티니아누스 황제는 자신의 왕국에서 직접 비단을 만들기를 원했어. 기독교의 이단이라는 이유로 콘스탄티노플에서 추방당해 페르시아에 살고 있던 두 명의 수사가 이 기회를 놓치지 않았어. 자신들이 비단 생산의 비밀을 알아 오겠다고 했고 황제는 후한 보상을 약속했어.

누에

누에고치

두 사람은 중국으로 들어가 몰래 그 비밀을 캐내기 시작했어. 누에고치가 비단을 만드는 원료임을 알아냈지. 누에고치를 얻는 데는 성공했지만 그것을 동로마까지 가져가는 게 문제였어. 중간에 누에고치를 들키거나, 누에고치가 죽는다면 자신들의 노력이 헛일이 되는 거니까. 두 사람은 고민 끝에 속이 빈 대나무 지팡이에 누에고치를 숨기고, 누에고치가 죽지 않도록 똥 속에 묻어서 콘스탄티노플로 가져왔어. 다행히 누에고치는 죽지 않고 부화에 성공했어. 그토록 원했던 비단을 유럽에서도 만들 수 있게 된 거야.

유럽의 역사를 바꾼 종이와 화약

서양인들은 중국의 종이와 화약, 비단에 관심을 기울였어. 17세기 영국을 대표하는 철학자이자 과학자였던 프랜시스 베이컨Francis Bacon은 세상을 바꾼 3대 발명품으로 화약, 나침반, 인쇄술을 들 정도였으니까. 중국이 유럽 과학에 미친 영향은 컸어. 당시 서양은 파피루스 풀의 줄기섬유로 만든 종이나, 양과 소의 가죽을 말린 양피지에 기록을 남기는 것이 일반적이었거든. 그런데 중국에서 건너온 종이는 가볍고 얇아서 휴대하기 쉽고 기록하기에도 좋았지. 종이를 만드는 제지 기술은 8세기 이슬람 왕조의 싸움에 개입한 당나라를 통해 아랍에 알려졌고 이후 유럽으로 전파되었어.

'불이 붙은 약'이라는 뜻의 화약火藥은 먹으면 신선이 되는 약을 연구했던 중국의 연단술사들이, 영원히 늙지 않고 오래 사는 약을 만들려다가 우연히 발명했다고 알려졌어. 해로운 벌레를 죽이는 살충 효과나 습기 제거에도 좋다고 전해져. 요즘도 중국 사람들은 재앙과 액운을 물리친다고 해서 매년 명절에 불꽃놀이를 하기도 해. 화약은 13세기 몽골제국을 통해 아랍으로 전파되었어. 화약을 넣은 대포인 화포火砲는 1346년 크레시 전투 때 영국군이 프랑스군을 격침하는 강력한 무기로 유럽에서 처음 사용되었지. 특히 화포는 봉건제를 상징하는 유럽의 성을 무너뜨리는 데 사용되었어.

송나라 무역의 중심이 된 바닷길

8세기에 해상 실크로드라 불리는 바닷길이 열렸어. 바닷길은 오래 전부터 자주 이용된 무역로였어. 특히 이슬람 제국과 중국은 바닷길을 통해 많은 교역을 했지. 상인들의 진출을 적극적으로 장려했던 이슬람 제국과 개방 정책을 폈던 중국 당나라 시대에는 이슬람 상인들이 중국에 집단촌을 형성하며 살아갈 정도로 교류가 활발했어.

이슬람 상인들 교역품 중에는 도자기가 포함되어 있었어. 송나라 도자기는 옥이나 거울처럼 희고 밝을 뿐만 아니라 가볍게 부딪히면 맑은 소리가 났어. 하지만 깨지기 쉬운 물건이기에 안전하게 다루어야 했지. 육로보다는 바닷길이 더 안전했어. 배로는 물건을 많이 옮길 수 있다는 것도 장점이었지. 중국 상인들은 돛이 여러 개 달린 정크 선을 이용해 아라비아까지 도자기를 옮겼는데, 당시 도자기는 아프리카와 유럽까지 전해질 만큼 인기가 좋았어. 그래서 중국 상인들은 바닷길을 '도자기 길'이라고도 불렀지.

송나라가 바닷길을 선호했던 또 다른 이유가 있어. 송나라는 경제적으로 풍요로웠지만 군사력이 약했지. 실크로드의 길목인 중국 서북부도 서하에 장악 당해 육로 이동이 수월치 않았어. 1127년에는 금나라의 침략으로 수도를 남쪽으로 옮겨야만 했지. 자연스럽게 육로가 아닌 바닷길이 무역의 중심이 되었던 거야.

실크로드의 쇠퇴

실크로드의 쇠퇴는 중국의 대표 수출품이었던 비단, 도자기와 관련이 있어. 6세기 무렵, 비단의 생산 비밀이 널리 퍼져 유럽에서 비단을 직접 생산할 수 있게 되었기 때문이야. 물론 유럽의 실크와 중국의 실크는 품질에서 차이가 났지만, 유럽의 비단 제조 기술이 점점 발달하면서 먼 길을 오가며 비단을 거래하던 상인들의 수입은 줄어들 수밖에 없었지.

도자기도 마찬가지였어. 1644년, 명나라가 청나라에 망하면서 도자기 생산이 잠시 중단되자 바닷길을 통한 무역도 주춤했어. 대신 일본산 도자기나 차, 향신료 등이 그 자리를 대신했지. 게다가 1709년부터 독일의 뵈트거가 유럽 최초로 도자기를 대량으로 만들면서 큰

◁ 뵈트거가 만든 붉은 자기

▽ 1900년경 마이센 자기

명성을 떨쳤어. 유럽 최초로 자기를 구워 낸 작업장의 이름을 따 '마이센 자기'라고 불렀지. 뒤이어 다른 나라들도 자기 생산에 성공함으로써 중국 도자기의 명성도 예전 같지 않았어.

초원길을 이용한 몽골제국

실크로드가 다시 부활한 건 13-14세기를 지배했던 몽골제국이 등장하면서부터야. 몽골제국은 유목 민족이었어. 말을 이용해 드넓은 초원을 달리는 것이 그들의 특기였지. 몽골의 기마 부대는 엄청난 속도로 유라시아 대륙을 휩쓸었어. 초원길은 몽골제국의 동쪽과 서쪽을 연결하는 통로였지만 1368년에 몽골제국이 쇠퇴하면서 실크로드도 점점 쇠퇴의 길에 접어들었어.

장건이 걸어갔던 길, 몽골제국이 말을 달리던 초원길은 무역로의 기능을 잃어버렸고, 중계무역을 하던 나라와 도시들은 사막의 모래에 뒤덮여 사라져 갔어. 하지만 바닷길은 16세기 대탐험의 시대에도 살아 있었어. 유럽인들은 뱃길로 아메리카 대륙에 도착했고 식민지 건설에 박차를 가했지. 이탈리아인 마르코 폴로가 17년 동안 중국에 머물며 보고 들은 것을 기록한 여행기인 《동방견문록》은 서양인들에게 동방에 대한 궁금증을 한층 높여 주는 계기가 되었어.

우리나라가 '코리아(KOREA)'로 불린 이유

바닷길은 우리나라가 '코리아'로 불리게 된 계기를 마련해 준 길이기도 해. 고려 시대 예성강에 위치한 벽란도는 우리나라 최대 무역항이었어. 당시 고려는 중국 송나라, 요나라(거란족), 여진, 아라비아 상인들과 활발한 대외 무역을 하고 있었지. 아라비아 상인들은 향료나 산호 등을 들여와서 고려의 우수한 공예품인 고려청자, 나전칠기 등과 교환했어. 아라비아 상인들을 통해 당시 우리나라 이름이었던 '고려'가 서양에 알려지게 되었고 이후 우리나라는 '코리아(KOREA)'라고 불렸어.

청자상감 넝쿨무늬 잔과 잔받침

4. 동물들의 눈물로 만든 모피

인류가 처음 만들어 입었던 옷

초기 인류는 어떤 옷을 입었을까? 처음에는 거의 맨몸으로 생활하며 나뭇잎이나 나무껍질을 말려 옷처럼 입었을 거야. 그러다가 사냥으로 잡은 동물 가죽이 훨씬 따뜻하고 몸을 잘 보호할 수 있다는 사실을 자연스럽게 알았겠지.

기원전 3500년경 수메르인들도 모피를 즐겨 입었다고 해. 고대 이집트 왕 파라오는 자신의 위엄을 드러내기 위해 모피를 이용했어. 파라오는 신을 대신하는 신성한 존재였기 때문에 동물의 왕 사자의 꼬리로 만든 허리띠를 매고 다녔어. 신을 위한 제사를 주관하는 사제들도 표범 모피로 만든 옷을 입었지. 모피가 권력과 부의 상징이 되다 보니 많은 사람들이 모피를 가지고 싶어 했어. 그래서 왕은 모피에 세금을 매겼지. 로마 황제 마르쿠스 아우렐리우스는 모피에 세금을 붙인 최초의 인물이야.

우리 민족의 산인 백두산에는 호랑이, 표범 등 많은 동물이 살았다고 전해져. 우리나라는 '호랑이의 나라'라고 불릴 정도였지. 특히 담비가 많아서 북방 유목민들이 드나드는 교역로를 '검은담비길'이라고 불렀어. 담비 모피는 아주 질이 좋았기 때문에 금값을 줄 정도였지.

마르쿠스 아우렐리우스

우리나라 역사에서 처음 등장하는 나라인 고조선이 부강했던 이유 중 하나도 모피 무역 때문이었어. 고조선은 모피, 소금, 비단, 흑요석 등 비싼 물품을 많이 수출했기 때문에 중국이나 중앙아시아 유목민들이 자주 드나들었거든.

중세 유럽에서도 모피는 인기가 있었어. 특히 길을 잘 안다는 뜻의 '라다니트'라 불리는 유대인 상인들은 중국과 모피 무역을 하며 비단과 향료, 인삼 등을 유럽에 전했지. 9세기에서 13세기 무렵 이슬람 세력은 두 개의 무역 길을 만들어 자신들의 영역을 확장했어.

남북을 잇는 모피 길과, 동서를 연결하는 실크로드였지. 기나긴 십자군 전쟁으로 이슬람과 기독교 국가들의 사이가 좋지 않았기 때문에 종교적으로 비교적 자유로웠던 유대 상인들의 활약이 컸어.

무분별한 모피 사냥

16세기 후반, 러시아는 모피를 얻기 위해 시베리아로 향했어. 당시 시베리아는 혹독한 기후 때문에 여러 부족들이 오랫동안 외부와 큰 교류 없이 살고 있었는데, 갑작스럽게 외지인들이 들어오자 매독과 천연두 등의

질병이 퍼지면서 원주민들의 삶은 점점 무너져 갔어. 상인들은 군대보다 더 빨리 움직였지. 값비싼 모피를 얻기 위해 사냥꾼들이 검은담비를 비롯해 많은 동물들을 마구잡이로 잡아들였어. 검은담비 몇 마리만 잡아도 여생을 편히 지낼 수 있을 만큼 돈이 보장되었기 때문이야.

시베리아는 무척 추운 곳이었기 때문에

땅과 물이 대부분 얼어 있었어. 얼었던 곳이 여름에 녹아도 온통 진흙투성이였지. 그래서 러시아인들은 여름에는 배로, 겨울에는 썰매로 이동하며 시베리아를 자신들의 땅으로 만들고 모피 무역의 근거지로 삼았어. 모피 무역이 성행하자 1622년에 2만 3천여 명에 불과했던 시베리아 인구가 17세기 후반에는 그 열 배나 증가했어. 러시아는 원주민들에게 비버 가죽을 세금으로 내게 했는데, 그 이익이 러시아 재정의 11퍼센트를 차지할 정도였지.

18세기 초, 모피를 얻기 위한 무분별한 사냥 때문에 시베리아에 살던 많은 동물들이 자취를 감추었어. 인간의 욕심이 동물들의 보금자리를 폐허로 만든 거야. 시베리아에서 생산되는 모피가 줄어들자 러시아는 또 다른 지역을 찾아 나섰어. 아시아 대륙 시베리아 동쪽 끝의 베링해협을 건너 북아메리카 대륙의 알래스카로 간 거야. 알래스카는 인디언 말로 '위대한 땅'이라는 뜻이야. 이 거대한 땅도 모피 사냥으로 몸살을

멸종 위기에 처한 비버

앉았어.

 모피 상인들은 동물이 있는 곳이라면 어디든 달려갔지. 이번에는 북태평양 해안을 따라 해달과 물개를 잡아들였어. 1750년부터 시작해 40년 동안 약 25만 마리의 해달이 사라졌지. 19세기까지 모피 무역은 러시아 경제를 뒷받침하는 중요한 사업이었지만 동물들에게는 최악의 시기였어.

 '상류 사회 사람들은 반드시 비버 모피로 만든 모자를 써야 한다.' 영국 국왕 찰스 1세가 내린 포고령이야. 1580년대 파리 귀족들을 중심으로 비버 가죽 모자가 유행하자 비버는 명품 모피의 대명사가 되었어. 비버는 가죽이 질기고 솜털이 아주 따뜻했지. 특히 비버가 짝짓기를 할 때 나오는 해리향은 유럽에서 고급 향수의 재료와 약재로 쓰였어. 비버는 사냥하기도 비교적 쉬웠기 때문에 더욱 남획되었고 결국 멸종 위기에 처하고 말았어.

서인도회사를 세운 네덜란드 상인

1621년, 네덜란드 상인들은 모피 무역을 위해 맨해튼 섬에 서인도회사를 세우고 본격적인 활동을 시작했어. 회사 주주들은 대부분 유대 상인들이었어. 1625년에는 가죽 거래소를 세우고 다음 해에는 인디언들에게 24달러 정도의 생필품을 주고 맨해튼을 아예 사 버렸지. 북아메리카 무역의 본거지로 삼으려는 계획이었어.

네덜란드 상인들은 주로 삼각무역을 통해 자신들의 경제력을 넓혀 나갔어. 삼각무역이란 두 나라 사이 무역 거래에서 얻게 되는 이윤과 손해가 어느 한쪽으로 쏠려 불균형하게 될 때, 제삼국을 개입시켜 균형을 맞추려는 무역을 말해. 네덜란드 상인들은 먼저 네덜란드에서 가져온 모직 천을 인디언들의 화폐인 조가비 염주와 바꾸었어. 그다음 미국 북동부를 흐르는 허드슨강을 따라 올라가 포트오렌지 지역의 인디언들이 사냥한 비버 가죽과 염주를 바꾸었지. 인디언들에게는 금과 은이 아닌 조가비 염주가 최고의 가치상품이었거든.

네덜란드 상인들은 고향에 대한 향수를 느끼기 위해 맨해튼을 뉴암스테르담이라는 이름으로 바꾸고 네덜란드 풍의 마을로 가꿨어. 1653년에는 영국군의 침략을 막기 위해 뾰족한 나무 목책을 세우기도 했는데, 현재 세계 경제의 중심이 된 '월가 Wall Street'는 여기에서 유래한 이름이야.

북아메리카 동부에 살고 있던 동물들은 사실상 멸종 위기에 처했어. 18세기 말, 한 해 약 90만 마리의 동물들이 모피 때문에 사라져 갔어. 19세기 초 북아메리카 모피 무역은 미개척지인 미시시피강 서쪽으로 옮겨갔지. 이곳에 남아 있던 비버와 수달도 사냥꾼들이 몰려들면서 곧 자취를 감추었어. 육지나 강에 살던 동물들의 수가 감소하자 사냥꾼들은 바다 동물로 눈을 돌렸어. 18세기에는 해달, 19세기에는 물개와 바다표범이 모피 전쟁의 희생양이 되었지.

모피를 얻을 수 있는 야생 동물의 수가 줄자 사람들은 아예 모피용 동물을 기르기 시작했어. 은여우가 모피용으로 길러졌고, 2차 세계대전 이후엔 밍크가 모피의 여왕 자리를 차지하며 사육되었지. 중국과 덴마크는 최대 사육국으로 연간 1,200만 마리 이상의 밍크 모피를 생산했어.

동물 사냥은 현재진행형

캐나다에서는 매년 약 30만 마리 정도의 바다표범이 사냥되고 있어. 사육되는 동물들도 단지 가죽을 얻기 위해 죽을 때까지 좁은 우리에 갇혀 지내. 여우는 모피를 얻게 될 때까지 칠 년 정도를 한 평도 안 되는 곳에서 생활해. 여우 코트 한 벌을 만들기 위해 스무 마리 정도의 여우가 필요한데, 연간 천 만 마리의 여우가 모피로 만들어진다니 인간의 욕심은 끝이 없는 것 같아.

족제비와 비슷한 외모에 '밍크코트'로 유명한 밍크도 모피 때문에 큰 희생을 치른 동물이야. 밍크는 4천만 마리 정도가 사육되는데,

북아메리카 수달

해달

아메리카 밍크

밍크코트 한 벌을 만드는 데 쉰다섯 마리의 밍크가 필요하다고 해. 매년 8천만 마리에서 1억 마리 가량의 동물들이 모피 산업 때문에 죽임을 당하고 있어.

동물 보호 단체들은 모피 산업 행사가 있는 곳마다 따라다니며 모피 반대 시위를 벌여. 모두가 같은 생명인데 동물의 생명 존엄성도 인정받아야 한다고 생각하기 때문이야.

바다표범

은여우

로드 킬(Road Lill) 당한 동물을 모피로 만들어도 될까?

동물들이 도로에 나왔다가 자동차에 치여 죽는 일을 로드 킬이라고 해. 미국의 한 의류 회사에서 로드 킬을 당한 동물들의 가죽으로 상품을 만든다고 해서 이슈가 된 적이 있어. 미국에서만 한 해 약 1억 3,500마리 정도의 동물들이 교통사고를 당하는데, 그렇게 죽은 동물의 가죽을 이용해 상품을 만들면 동물들에게 덜 미안하다는 거야. 그 회사는 상품을 팔아 남긴 수익의 1퍼센트를 야생동물들의 안전 이동 통로를 만드는 데 사용하고 있어.
  반면 동물 보호 단체는 죽은 동물을 상품으로 만드는 것마저도 비윤리적이라고 주장해. 모피로 옷을 만든 것 자체가 동물의 생명을 존중하지 않는다는 거야. 인공 모피로도 충분히 옷을 만들 수 있는데 굳이 동물의 모피로 만들 필요가 없다는 논리야. 너희들 생각은 어떠니?

5. 투기 광풍을 일으킨 튤립

광기로 변한 튤립 열풍

봄이 되면 곳곳에서 꽃 축제가 열려. 겨우내 움츠려 있던 식물들이 봄이 되면 아름다움을 한껏 뽐내며 피어나지. 그런데 아름다운 꽃이 투기의 대상이었던 적이 있었어. 풍차의 나라로 유명한 네덜란드에서 1630년대에 일어났던 일이야. 튤립은 네덜란드를 상징하는 꽃으로도 유명해. 지금은 튤립이 흔한 꽃이지만 당시에는 귀족 상류층을 중심으로 투기 현상이 벌어질 정도로 인기 있는 꽃이었어. 네덜란드에서 일어났던 튤립 열풍은 현대판 주식 열풍과 같았지.

튤립은 1599년까지 유럽에 알려지지 않다가, 유럽과 가까운 터키에서 건너와 오스트리아를 거쳐 1600년경 영국으로 들어왔어. 유럽

인들은 처음에는 튤립을 그저 꽃으로 보고 즐겼어. 하지만 1630년, 네덜란드 상류층들이 튤립을 수집하기 시작하면서 튤립은 부유층들이 꼭 가지고 있어야 할 상품이 되었어.

  상류층들은 자신들의 정원에 튤립을 가꾸면서 사회적 지위를 과시하려고 했어. 튤립 가격이 급격히 오르자 중산층에게까지 튤립 투자 열풍이 퍼져 나갔어. 사람들은 튤립의 알뿌리 하나를 얻기 위해 집과 농장을 팔기도 했어. 알뿌리 하나 가격이 보통 집 한 채 가격을 넘어갔어. 1630년대 중반에는 뿌리 하나가 우리 돈으로 1억 6천만 원까지 올라갔지. 붉은색과 흰색이 섞인 튤립인 '셈페르 아우구스투스'는 알뿌리 하나가 12에이커약 48,562제곱킬로미터 정도의 비싼

네덜란드의 튤립 농장

땅과 맞교환되었을 정도였어. 튤립에 대한 집착은 그야말로 광기에 가까웠던 거야.

흑사병이 튤립을 시들게 하다

튤립 투자의 광풍이 몰아칠 무렵, 네덜란드에 흑사병이 돌기 시작했어. 흑사병은 페스트라고도 부르는 무서운 전염병인데, 오한과 고열 증세를 보이다가 심하면 피부가 검게 변하며 죽음에 이르는 병이야.

튤립의 투자 광풍은 네덜란드에 유행한 흑사병과도 관련이 있어. 전염병이 돌아 민심이 흉흉해지자 미래를 장담할 수 없게 된 사람들의 불안한 심리가 단번에 큰돈을 벌기 위한 투자 광풍으로 이어진 거야. 하지만 이렇게 비정상적으로 책정된 상품 가격은 오래 지속되지 못했어. 가격이 오를 만큼 오른 튤립을 되팔려고 하자, 너무 비싼 가격 때문에 튤립을 살 사람이 없었던 거야. 불안해진 사람들이 너도나도 튤립을 팔기 위해 내놓자 가격은 순식간에 폭락했어.

튤립은 더 이상 거래되지 않았고 많은 돈을 빌려 튤립을 산 사람들은 돈을 갚지 못했지. 튤립 가치는 이제 황금이 아닌 휴지 조각이 되어 버린 거야. 많은 사람들이 빈털터리가 되었어. 정부나 법원에 구제 요청을 했지만 네덜란드 정부는 개입하기를 거부했어. 심지어 튤립 매입 비용을 도박 빚으로 규정했지. 두 달 만에 국민의 절반이 빈곤층으로 떨어졌어.

사람들의 심리는 참 이상해. 남들이 사는 물건을 나도 가지고 있어야 뒤떨어지지 않는다고 생각하지. 일종의 경쟁 심리야. 튤립도 마찬가지였어. 튤립은 희소성이 있는 상품도 아니었어. 그저 남들이 가지고 있으니 나도 가지고 있어야 한다는 소유에 대한 경쟁이었지. 실제 가치가 아닌 가상 가치를 생각하고 있었던 거야. 이후 튤립 파동은 '거품 Bubble 경제'를 의미하는 비유적 표현으로 사용되고 있어.

남해 거품 사건과 미시시피 계획

"나는 별들의 움직임을 센티미터 단위까지 측정할 수 있지만, 주식 시장에서 인간들의 광기는 도저히 예상할 수 없다." 만유인력의 법칙을 발견한 위대한 과학자 뉴턴의 말이야. 네덜란드의 튤립 파동 같은 인간의 광기가 드러난 사건이 또 있었어. 근대 유럽의 3대 거품 경제로 불리는 영국의 남해 거품 사건과 프랑스의 미시시피 계획이야.

영국의 남해 거품 사건South Sea Bubble은 영국이 발행한 국채에서 시작돼. 영국은 전쟁 때문에 국채를 남발함으로써 많은 돈을 빌렸는데 대신 이자를 지불해야 하는 어려움에 직면했어. 토리당黨 정부의 재무상인 옥스퍼드 백작은 영국 정부의 재정 부담을 줄여 주려는 목적으로 1711년에 남해 회사를 설립해 국채 천만 파운드를 인수했어. 하지만 조건을 내걸었지. 에스파냐가 소유한 남아메리카 및 태평양 제도에 대한 무역 독점권을 달라는 거였어. 노예무역으로 정부 부채를 갚으면서 회사 이익도 챙기려는 속셈이었지. 하지만 에스파냐와의 관계가 악화되고 해난 사고가 생기는 등의 문제로 사업이 잘 되지 않았어. 결국 국채와 회사 주식을 바꾸는 편법을 씀으로써 회사를 유지했지.

1718년, 남해 회사는 복권 사업으로 큰 성공을 거두고 금융 회사

영국 화가 윌리엄 호가스가 그린 남해 거품 사건

로 탈바꿈을 했어. 1720년에는 회사의 가치를 더 높이려 국채 전액을 인수하겠다는 사업 내용을 발표해. 100파운드였던 회사 주식은 6개월 만에 1,050파운드로 뛰었어. 국민들은 너나 할 것 없이 주식 투자에 열을 올렸지. 널리 알려진 과학자 뉴턴과 음악가 헨델도 이 투자에 뛰어들었어.

투자 열풍을 잠재울 필요가 있었던 영국 정부는 6월 24일, '거품 회사 규제법'을 발표했어. 과열된 투자는 진정 국면으로 접어들었지만 주가 폭락으로 파산자가 속출하고 심지어 자살까지 하는 사람도

생겼어. 뉴턴은 주식으로 7천 파운드의 이익을 보았지만 투자를 계속하다가 오히려 2만 파운드의 손실을 입었어. 반면 헨델은 투자 이익금으로 왕립 음악 아카데미를 설립했지.

　영국 정부는 부정을 저지른 회사 간부의 재산을 몰수해 수습하려고 했지만 이미 많은 피해자가 생긴 뒤였어. 영국 경제와 정치는 일대 혼란에 빠졌지. 하지만 월폴 수상이 사태를 잘 수습하면서 영국은 곧 안정을 되찾았어. 남해 거품 사건을 조사하면서 세계 최초로 회계감사 보고서가 제출되었지. 회계감사는 회사의 재산 관리나 운영 상황이 불법적인 일 없이 실제대로 정확하게 기록되고 있는지 제삼자가 꼼꼼히 살펴 조사하는 일을 말해. 남해 거품 사건은 기업에 대한 회계감사 제도와 공인회계사 제도가 생겨나게 하는 계기가 되었어.

18세기 초반, 프랑스는 북아메리카 미시시피강 유역을 개발하겠다는 야심찬 계획을 세웠어. '미시시피 계획'이라 불리는 이 사업은 스코틀랜드 사업가 존 로가 프랑스 정부로부터 25년간의 무역 독점권을 획득하면서 시작되었지. 존 로는 무역 회사를 합병해 '인도 회사(미시시피 회사라고도 함)'를 설립하고 왕립 은행까지 소유하면서 프랑스의 절대적인 신뢰를 얻게 돼.

존 로는 루이지애나 지역의 경제적 가치를 과장해 투자자를 계속 끌어모았어. 1719년, 영국의 남해 거품 사건과 마찬가지로 인도 회사 주식에 대한 광풍이 일어났지. 주가는 500리브르에서 1만 5천 리브르까지 치솟았어. 실제 가치와 주식 가격을 맞추기 위해서는 주식을 새로 발행할 수밖에 없었지. 결국 1720년 여름, 회사에 대한 신용이 급격히 하락하면서 1721년에는 다시 500리브르까지 하락했어. 존 로는 사기꾼이라는 별명을 얻었지. 하지만 유가증권이 중요시되는 오늘날에는 존 로를 성공적인 금융 리더로 평가하기도 해.

프랑스에서 세워진 미시시피 계획은 개발을 미끼 삼아 일어난 거품 경제의 대표적인 사례야. 오늘날 부동산 투자와 같은 이치라 생각하면 돼. 어느 지역에 주택 사업 단지나 벤처 산업 단지가 형성된다는 소문이 들리면 그 지역 땅값이 무섭게 상승해. 아직 확정된 것이 없는데도 말이야. 이처럼 회사 실적이 매우 나쁘거나 검증되지 않았는데도 불구하고 미래 사업에 대한 환상만으로 투자하기 때문

주식이 뭐예요?

언론 매체를 보면 꼭 빠지지 않는 경제 기사가 있어. '오늘의 주식 시황'이야. 왜 언론에서는 주식 시황을 매일 알려 주는 걸까? 사람들이 주식에 대한 관심도가 그만큼 높기 때문이겠지. 회사를 세우려면 많은 것이 필요해. 예를 들어 장난감 회사를 차린다고 하면 공장, 장난감을 만드는 재료, 인력 등이 필요하지. 이 모든 것을 갖추려면 돈이 필요한데, 돈이 부족하면 어떻게 할까? 은행에서 돈을 빌릴 수 있겠지. 이것을 대출이라고 해.

대출 말고 다른 방법도 있어. 회사에 돈을 투자할 사람을 모으는 거야. 이때 돈을 투자한 사람들에게 약속으로 주는 증서가 바로 '주식'이지. 주식으로 설립한 회사를 '주식회사'라고 해. 이 회사가 나중에 돈을 많이 벌게 되면 '배당'이라는 이익금을 주지. 하지만 회사가 손해를 보게 되면 투자한 사람들도 손실을 보게 돼. 회사를 설립할 때만 주식을 살 수 있는 건 아니야. 손해를 본 투자자들이 해당 주식을 팔고 다른 주식을 살 수도 있지. 이처럼 주식을 사고팔 수 있는 시장을 '주식시장'이라고 해.

에 거품경제가 발생하지. '과유불급過猶不及'이라는 말이 있어. 지나침은 부족함과 같다는 말이야. 욕심을 부리는 것이 오히려 조금 모자란 것보다 못할 수도 있어. 우리 삶에서도 지나치지도 않고 부족하지도 않은 적절한 상태를 유지하는 일이 정말 중요해.

4장
혁명으로 세상을 바꾸다

1. 차갑고 강인한 철

성스러운 금속, 철

철은 우리 생활에서 가장 많이 쓰이는 금속이야. 컴퓨터, 스마트폰 같은 전자 제품에서부터 자동차, 기차 같은 교통수단, 그릇, 수저 같은 생필품에도 많이 쓰이지. 우리가 살고 있는 집들도 철 기둥을 세워서 튼튼하게 짓고 있어. 그래서 철을 '산업의 쌀'이라고 표현하기도 해. 그런데 우리는 철에 대해서 얼마나 알고 있을까?

'Isarno이사노'는 고대 유럽에 살던 켈트족의 언어로, '성스러운 금속'이라는 뜻이야. 철을 뜻하는 영어 단어 'Iron아이론'과 비슷하지. 고대 사람들은 철을 왜 이렇게 성스럽게 생각했을까? 그 이전 시대 금속인 청동과 비교할 필요가 있어. 청동은 구리와 주석의 합금으로 철보다 단단하지 못했어. 철은 이전의 어떤 금속보다도 강했지. 옛 사람들은 더 강하거나 새로운 것이 나타나면 성스럽다는 표현을 했어.

철은 권력을 상징하기도 해. 우리나라 설화 중 〈바리공주〉 이야기를 보면, 바리공주가 철 지팡이를 가지고 있었다는 부분이 나와. 당시 큰스님들도 석장이나 죽장을 가지고 있었는데 그보다 더 강한 무쇠 지팡이를 가지고 있었다는 것은 바리공주가 신비한 힘을 지닌 영적인 존재였음을 나타내지.

현대에 만들어진 영화 〈아이언맨 Iron Man〉에서도 보면 강철 슈트를 입고 악당들에 맞서 세계를 구하는 주인공이 등장하지. 이처럼 철은 오랜 옛날부터 강인함의 상징이었어. 사람들은 '철'이 세상을 지키기 위해 하늘이 인류에게 내려 준 금속이라고 여겼지.

사실 순수한 철은 그리 단단하지 않고 알루미늄보다도 무른 금속이야. 광석을 용광로에 넣고 철을 분리해 정제하는 야금 과정을 거쳐 탄소가 들어가면서 아주 단단한 강철이 만들어지지. '철옹성'이라는 말을 들어 봤니? 쇠 철鐵, 항아리 옹甕, 성 성城을 쓴 한자어로, 방비가 견고해서 뚫고 넘을 수 없다는 말이야. 비록 철로 만든 성은 아니지만 그만큼 시설이 튼튼하다는 것을 의미하지.

고대 금속 야금술의 비밀

1911년, 이집트에서 돌과 금속으로 된 작은 구슬을 줄로 꿰어 만든 목걸이 아홉 개가 발굴되었어. 사람들은 목걸이에 있는 금속 재질이 부드러워 당연히 부드러운 성질을 가진 금속이라고 생각했지. 그리고 목걸이 제작 연대를 기원전 1500년경이라고 추측했어. 이후 2013년, 런던 대학 카타르 분교 연구팀이 목걸이에 대한 조사 결과를 발표했어. 목걸이의 재료는 '철'이며, 제작 연대는 기원전 3200년경으로 추정된다는 놀라운 사실이 공개됐지. 이집트의 철기시대라

고 알려진 것보다 2천 년이나 앞선 시간이니 인류 역사상 가장 오래된 철 유물로 볼 수 있어.

그런데 목걸이를 X선으로 촬영한 결과, 철뿐만 아니라 니켈, 코발트, 인 등의 함량이 높게 나왔어. 이 목

철을 주성분으로 하는 운철

걸이는 다름 아닌 하늘에서 떨어진 운철로 만들어졌던 거야. 열처리 과정이 없어서 인류 최초의 철 유물이라는 타이틀은 얻지 못했어. 아주 오래전부터 사람들은 운석이 하늘이 준 선물이라고 생각했나 봐. 장신구로 만들어 몸에 지니고 다닌 걸 보면 말이야.

1994년에서 2007년까지 터키에서 유적지 발굴 조사가 이루어졌는데 수도 앙카라에서 100킬로미터 떨어진 '카만-카레휘위크'(하늘-요새 언덕) 유적지에서 다양한 유물이 발견되었어. 특이한 것은 16미터 높이의 언덕에서 청동기, 철기, 오스만제국 시대의 유물들이 층층이 발견되었다는 거야. 그 가운데 발견된 다섯 점의 철 유물을 연결했더니 철제 단검 모양이 나왔어. 철로 된 파편이나 조각, 찌꺼기 등도 나왔지. 아마도 그곳은 철을 뽑아내는 제철소나 대장간이었

161

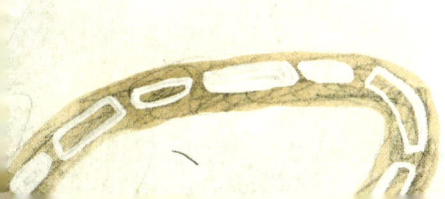

을 거라고 추정했어.

 2008년에 발표된 조사 결과에 따르면, 그 철제 단검은 기원전 2000년경 중기 청동기 단층에서 나왔어. 또한 연철이 아닌 탄소가 함유된 강철인 것에 사람들은 놀라움을 금치 못했지. 지금까지 알려진 것보다 더 오래전부터 철을 야금하는 기술이 있었다는 것이 밝혀졌고 단검은 인류 최초의 철 유물로 기록되었어.

 후기 청동기시대인 기원전 1500년경에 존재했던 히타이트 왕국은 오늘날 터키 영토에 해당하는 아나톨리아 북중부에 위치해 있었어. 학자들은 이 왕국을 아주 작은 부족 정도로 생각했어. 그런데 스위스의 한 여행가가 현무암에 새겨진 문자를 발견하면서 히타이트 왕국이 재조명되었지. 발견 당시에는 그 문자를 해석하지 못했지만

1905년에 터키에서 또 다른 점토판이 발견되어 문자를 해석할 수 있었어. 조사 결과 히타이트 왕국은 철제 무기를 바탕으로 이집트 왕국과 영토 분쟁을 할 정도로 강대국이었던 사실이 밝혀졌지. 기원전 1274년, 이집트의 람세스 2세와 히타이트의 왕 무와탈리 2세가 시리아 왕국을 손에 넣기 위해 카데시에서 맞붙었어. 전차 5천여 대가 동원될 정도로 큰 전투였지. 그런데 두 부대의 무기 재료가 달랐어. 이집트는 청동기였고 히타이트는 철기였던 거야. 처음부터 싸움이 되지 않는 전투였어. 당연히 히

타이트가 승리했고 주변 왕국들이 히타이트의 영향 아래 놓이게 되었어.

　많은 왕국들이 히타이트 야금술의 비밀을 캐내려고 했지만 철저히 비밀에 부쳐졌지. 훗날에야 그 비밀이 밝혀졌는데, 핵심은 '목탄'이었어. 우리가 흔히 알고 있는 '숯'을 생각하면 쉬워. 강철을 다루려면 먼저 불에 잘 견디는 흙이나 돌로 만든 화로가 필요했어. 그다음 화로에 철광석을 넣고 1,000도까지 열을 높이지. 당시 기술로는 1,000도 이상 높이는 것이 쉽지 않았어. 열을 높여 화로 안에 있는 철 덩어리를 꺼내 놓으면 스펀지처럼 구멍이 뚫린 철이 나와. 그 철 덩어리를 두드리고 다시 가열하는 과정을 반복하면서 불순물을 제거해. 이렇게 만들어진 철은 연한 철이기 때문에 무기로 사용하기에는 부적합했어.

　히타이트 야금술의 비밀은 그다음 과정에 있었어. 목탄, 즉 숯불 위에서 연철을 계속 가열하면서 탄소를 흡수시키는 거야. 이 연철을 물에 담금질하면 아주 단단한 강철이 되지. 히타이트가 최고의 철제 야금술로 고대 왕국을 지배했던 이유가 여기에 있었어.

조선 시대 철화 백자

철의 특징 가운데 하나는 부식이 잘 된다는 거야. 그래서 오랜 시간 땅에 묻혔다가 발견되는 철 유물들은 대부분 산소와 만나 부식이 되어서 녹이 쓴 것들이 많아. 그런데 조선 시대에는 부식된 철인 산화철 안료로 장식을 해 만든 아름다운 백자가 있었어. 새하얀 백자 위에 갈색 계열 산화철로 만든 안료를 사용해 그림을 그린 거야. 원래는 푸른색 코발트를 안료로 하는 청화백자가 상류층에서 인기를 끌었지만 1592년 임진왜란 이후 중국에서 이슬람산 코발트 수입이 어려워지자 주변에서 구하기 쉬운 산화철을 안료로 철화 백자를 탄생시킨 거지.

국보 제107호 백자 철화포도문 항아리(18세기)

용광로의 등장과 철의 대량 생산

'화덕 피자'라고 들어 봤지? 반죽 위에 여러 재료를 올린 피자를 넣는 뜨거운 가마를 '화덕'이라고 해. 철을 만들 때도 불을 뜨겁게 지핀 가마가 필요한데, 그것을 '용광로'라고 하지. 곧고 높아서 고로高爐라고도 불러. 용광로는 높은 온도로 광석을 녹여서 쇠붙이를 뽑아내는 가마라고 생각하면 돼. 가장 오래된 용광로는 기원전 4세기경 중국 한나라 시대 때 청동을 녹이기 위해 사용된 화덕이야. 서양에서는 1100년 스웨덴에 있는 노라스코그에서 용광로의 흔적이 발견되었지. 14세기 무렵 지금의 벨기에 플랑드르 지방에서 용광로가 만들어졌어.

17세기 말, 용광로의 연료였던 숯이 코크스로 대체됐어. 숯은 가마 안에 나무를 넣고 구워서 만드는데, 불씨를 꺼트리지 않고 오래 보관할 수 있었지. 음식을 조리하거나 난방의 용도로 아주 오랜 옛날부터 실생활에서 널리 사용되었어. 또한 온도를 1,200도 이상으로 올릴 수 있기 때문에 광석을 녹여 금속을 분리해 추출하기가 비교적 쉬웠지. 그런데 숯을 만들려면 나무를 너무 많이 베어야 한다는 것이 문제였어. 다행히 석탄에서 채취한 코크스를 사용하면 숲을 보전할 수가 있었지. 용광로와 코크스의 등장으로 철을 대량생산할 수 있게 되었고, 증기기관과 생산 설비의 기계화로 대표되는 1차 산업혁명으로 이어졌지.

　지금은 포스코POSCO로 이름을 바꾼 포항 제철소는 우리나라가 제철 강국이 되도록 한 중요한 제철소야. 포항 1고로는 우리나라에서 처음 쇳물을 생산했던 용광로로 연간 125만 톤을 생산하고 있어. 1973년 6월 9일 첫 쇳물 생산을 기념해 우리나라는 이날을 '철의 날'로 지정했어. 포항 제철소는 우리나라 제철 역사의 산증인이자 경제 발전의 원동력이었지.

　우리는 아직도 철기시대에 살고 있을지도 몰라. 철이 우리 삶에서 여전히 많이 사용되고 있다는 말이야. 철은 지구에 있는 금속 원소 중 매장량이 두 번째로 많아. 2012년 기준으로 세계 철광석 생산량은 약 30억 톤에 달해. 그런데 환경 조사 단체인 월드워치 연구소Worldwatch Institute에 따르면, 매년 2퍼센트의 생산량 증가 추세로 계산해 봤을 때 앞으로 64년 안에 지구에 있는 철광석이 사라질 수도 있대.

1974년부터 가동한 포항 제철소 제1연주 공장

철은 인류의 역사와 함께한 중요한 금속이야. 그렇다면 철광석이 다 사라지기 전에 우리는 어떤 일을 해야 할까? 우선 철을 대체할 수 있는 다른 물질을 개발해야겠지. 그리고 자원 재활용 제도나 기술을 통해 철을 다시 사용한다면 철이 없어지는 시간을 조금 더 늦출 수 있을 거야.

우리 몸속에 철이 있다고요?

지금까지 밝혀진 지식에 의하면 철을 함유한 페레독신Ferredoxin이라는 물질은 광합성 작용을 하는 과정에서 전자를 세포 사이에 전달하며 지구 대기를 조성하는 데 있어서 중요한 역할을 하고 있다고 해. 또한 인간을 포함한 척추동물의 몸속 적혈구 세포 안에는 철을 함유한 헤모글로빈Hemoglobin이 들어 있는데 산소를 운반하는 작용을 하지. 우리 피가 붉은색을 띠는 이유도 혈액에 있는 철 성분 때문이야. 이처럼 철은 지구와 인간의 생명을 유지하는 데 꼭 필요한 성분이지.

2. 검은 다이아몬드, 석탄

불에 타는 돌, 석탄

요즘도 고기를 구울 때 숯이 아닌 연탄불로 굽는 음식점이 있어. 까맣고 둥그런 원통형 연탄에 난 구멍 사이로 따뜻한 불이 올라오면 고기는 아주 맛있게 익어 우리의 입맛을 당기지. 연탄은 1980년대까지만 해도 겨울을 따뜻하게 나도록 하는 중요한 난방 연료였어. 연탄의 원료가 바로 석탄이야. 석탄은 산업혁명을 일으킨 가장 중요한 역할을 한 자원이었지.

석탄石炭은 돌 석石과 숯 탄炭을 써서 '불타는 돌'이라고 불려. 영어 'Coal'은 '열'을 뜻하는 라틴어 'Calor'에서 유래했어. 석탄은 지질시대의 식물이 퇴적되고 매몰된 후 열과 압력으로 그 성질이 변해 만들

강원도 연탄 공장

어진 광물이야. 탄화작용(유기물 성분이 변화하여 탄소 성분만 남아 축적되는 과정)이 진행된 기간에 따라 토탄 → 갈탄 → 유연탄(역청탄) → 무연탄 → 흑연으로 변해. 유연탄은 휘발성이 많아 쉽게 타는 특성이 있어 산업용 연료로 많이 쓰여. 우리나라에서 나는 석탄은 주로 휘발성이 적은 무연탄이어서 유연탄은 대부분 수입에 의존하고 있어.

석탄은 아주 오래전부터 연료로 사용되었어. 기원전 315년, 그리스 철학자 데오프라테스는 석탄을 대장간 연료로 사용했다는 기록을 남겼어. 조조, 유비, 손권이 활약하던 중국 삼국시대 문헌에도

'석탄'이 한자로 기록되어 있지. 12세기 중국 송나라 때에는 석탄을 채굴해 가정용 연료로 이용했어.

영국은 9세기경 석탄을 발굴했다고 전해져. 13세기 뉴캐슬 지방에서는 석탄을 상업적으로 채굴해 이용하기 시작했지. 영국 왕 헨리 3세는 국가의 허가를 받아야만 석탄을 캘 수 있도록 채탄 면허를 부여하기도 했어. 하지만 그때까지만 해도 기술적인 문제로 석탄을 태우면 그을음과 심한 연기가 나와서 가정에서는 사용할 수 없었어. 결국 1322년, 영국 국회에서 석탄 사용 금지법을 통과시켰지. 그런데 건축, 선박, 공업 연료 등의 주재료로 목재가 무분별하게 사용되자 문제가 생겼어. 국토의 30퍼센트였던 삼림지대가 16퍼센트로 줄어든 거야. 급기야 영국은 1558년에 나무 베는 것을 제한시키는 조치를 취했어. 어쩔 수 없이 석탄을 연료로 잘 활용하는 방법을 찾을 수밖에 없었지.

석탄은 채굴 과정에도 문제가 있었어. 석탄을 캐려면 지하로 들어가야 했는데, 지하수가 흘러 작업이 쉽지 않았어. 그래서 채광 작업을 하기 전 우선 물을 밖으로 빼내는 배수 문제를 해결해야 했지. 18세기에 토마스 뉴커먼과 와트가 배수 기계를 발명하면서 석탄 산업은 다시 날개를 달기 시작했어.

운하의 건설과 와트의 증기기관 발명은 석탄 운송 문제뿐만 아니라 산업의 동력을 석탄으로 옮기는 데 중요한 역할을 했어. 1783년, 석탄에서 채취한 코크스는 철의 대량생산을 가능하도록 했지. 영국은 '세계의 공장'으로 불렸어. 산업혁명은 곧 석탄이 이루어 낸 혁명이라고 해도 과언이 아니야. 하지만 산업 발달의 이면에는 노동자들의 희생이 있었어. 공장 기계가 쉴 새 없이 돌아갔기 때문에 노동자들은 장시간 노동에 시달려야 했지. 농촌에서 도시로 몰려든 사람들은 돈을 모으기 위해 늦게까지 일해야 했고, 노동자들의 평균 수명은 35세까지 낮아졌어. 저임금, 환경오염 등의 문제로 노동자들은 비참한 생활을 할 수밖에 없었어.

석탄이 지금까지 살아남은 이유

강원도 영월과 정선에 있는 탄광은 우리나라의 대표적인 석탄 채굴 지역이었어. 우리나라에서는 1935년 영월 지역에서 가장 먼저 탄광이 개광했고, 정선에서는 1948년부터 채굴이 시작되었지. 이후 우리나라 산업화 시기와 맞물려 석탄 산업은 70년대까지 전성기를 누렸어. 석탄 채굴 일을 하기 위해 많은 노동자들이 강원도 지역의 탄광으로 몰려들었지. 노동자들이 흙먼지를 마시며 캔 석탄은 우리나라 주요 산업을 일으키는 원동력이 되었어. 하지만 80년대 중반

이후 에너지 소비 연료가 바뀌면서 석탄 산업은 쇠퇴의 길을 걸었고, 1989년 석탄 산업 합리화 정책으로 강원도 지역 탄광들이 대부분 폐광되었지.

인류가 발전하면서 에너지원도 많은 변화를 겪었어. 초기에는 자연에서 직접 얻은 나무, 바람, 물 등을 이용했고, 산업혁명 시대에는 석탄이 중요한 에너지원이었지. 현재 인류의 주요 에너지 자원은 석유라고 말하는 데 이의를 제기할 사람은 없을 거야. 그럼에도 석탄은 여전히 세계 산업을 움직이는 중요한 자원이야. 세계 경제를

과거 번성했던 석탄 산업과 탄광촌 광부들의 생활상을 재현한 영월 탄광 문화촌의 모습

움직이는 두 나라인 중국과 미국이 세계 석탄 소비량의 50퍼센트를 점유하고 있으니까.

　석탄이 아직도 많이 쓰이는 이유는 뭘까? 석유에 비해 가격이 싸고 효율적이기 때문이야. 2012년 기준으로 화력 발전에 이용한 석탄 연료 가격은 석유 가격의 5분의 1정도였어. 가격 대비 성능이 좋으니 경제적인 가치가 높은 거지. 또 다른 이유는 한 지역에 편중되어 있는 석유와 달리 석탄은 전 세계에 골고루 매장되어 있다는 거야. 자원이 풍부하기 때문에 아직은 안정적인 공급이 가능하다는 장점이 있지. 많은 나라들이 석탄에 대한 미련을 버리지 못하는 이유가 여기 있어. 하지만 석유나 천연가스의 소비 증가량에 비해 석탄의 소비 증가량이 감소하고 있는 것만은 사실이야.

환경오염의 주범인 된 석탄

2015년 4월, 환경 단체 그린피스 회원들이 인천 옹진군 영흥 석탄 발전소에 모였어. 그들은 '침묵의 살인자, 석탄 발전 Out'이라는 문구를 레이저로 쏘며 시위를 했지. 2016년 5월, 세계 경제 문제를 협의하는 7개국 회담인 G7 정상 회의에서 화석 연료에 대한 보조금을 2025년까지 철폐한다는 소식이 들려왔어.

2013년까지 전 세계 전기 사용량의 41.3퍼센트를 석탄을 태워 만들었는데, 환경 단체와 G7 정상 회의에서는 왜 석탄 사용을 줄이려는 걸까? 그 이유는 석탄과 같은 화석 연료 사용이 지구 환경을 오염시키는 주범이라고 보기 때문이야. 국제에너지기구IEA 집계에 따르면, 세계 연료들 가운데 이산화탄소 배출량의 46퍼센트가 석탄에서 나온다고 해. 석탄이 온실가스를 유발해 지구온난화를 발생시킨 거라고 본 거지. 한때 산업혁명을 일으켰던 '검은 다이아몬드'인석탄은 기후변화가 심각한 상황에 이르자 '더러운 에너지'라고 불리는 불명예를 안게 되었어.

에덴 프로젝트로 되살아난 세계 최대 온실 식물원

영국 남부 웨일즈의 콘월 지역에는 세계 최대 온실 식물원이 있어. 영국에서 가장 사랑받는 현대 건축물로 널리 알려져 있는 이곳은 원래 폐광 지역이었어. 이 마을은 석탄 자원이 고갈되면서 빈곤에 허덕이고 있었는데 에덴 프로젝트를 통해 녹색 지대로 완전히 탈바꿈했어. 8년 동안 지역을 살리기 위한 노력을 거듭했고 이제는 여행자들이 꼭 들러야 할 세계적인 명소로 자리매김했지.

우리나라 초기 산업화의 1등 공신이었던 광산들도 유적지나 박물관으로 되살아나고 있어. 강원 태백, 경북 문경, 충남 보령에 가면 석탄 박물관이 있어. 당시 광산의 모습을 그대로 재현한 전시관과 연탄 만들기 체험 등 다양한 볼거리를 제공해 관광객들의 눈길을 사로잡고 있어. 강원도 정선군에 위치한 동원 탄좌는 2004년 폐광되었지만 우리나라 산업화를 대표하는 상징물이기에 유네스코 세계유산으로 등재하자는 움직임도 일어나고 있어.

세계 최대 온실 식물원 에덴 프로젝트

3. 불타는 경제의 바다, 석유

'석유'라는 말의 어원

'기름 값은 대체 언제 내리는 거야?' 어른들이 텔레비전을 보면서 기름 값에 대해 불평하는 걸 종종 본 적이 있을 거야. 요즘에는 자동차나 기차 등 석유를 원료로 하는 이동 수단을 많이 이용하고 있어. 생활 물가와도 직결되어 있어 기름 값 변동은 예민한 문제일 수밖에 없지.

기름 값은 세계경제에도 큰 영향을 미쳐. 전쟁이나 큰 사건이 한 번 터질 때마다 많은 나라들이 석유를 확보하기 위해 무역 전쟁을 벌이곤 해. 석유는 '세계경제를 움직이는 불타는 바다'인 거야. 석유는 한자로 '돌 석石, 기름 유油'를 합친 말이야. '돌에서 얻은 기름'

이라는 뜻이지. 라틴어 Petra돌, Oleum기름이 합쳐져 영어 Petroleum 페트롤리움이 되었고, 동양 사람들은 그것을 번역해 '석유'라 이름 지었어.

석유는 언제부터 존재했을까? 석유에 대한 기원은 크게 두 가지야. 첫 번째는 약 5억 년 전 물에 있었던 동식물의 유해가 밑바닥에 가라앉은 뒤 썩은 진흙이 되었고, 그것이 나중에 석유로 변했다고 보는 견해야. 두 번째는 마그마 안에 있던 무기 물질에서 유래되었다는 견해가 있어. 어떤 것이 진실인지는 아직 밝혀지지 않았지만 석유는 플랑크톤이 등장하기 시작한 6억 년 전부터 백만 년 사이의 지질시대에 만들어졌다는 건 확실해.

땅속이나 바다 밑바닥 아래 땅에서 바로 얻을 수 있는 원유, 즉 정제하지 않은 기름을 그대로 쓰는 것이 아니라 원유를 증류해서 휘발유, 등유, 경유, 아스팔트 등을 얻어 용도에 맞게 사용해. 우리가 타는 편리한 자동차도 석유를 넣어야 달릴 수 있어. 또 차들이 달리는 아스팔트 도로도 석유를 증류해 얻지. 이렇게 석유는 우리 생활 곳곳에서 경제를 움직이는 원동력이 되고 있어.

기원전 400년 전에는 페르시아 군대가 아테네와의 전쟁에서 화살촉에 석유를 발라 사용했다는 기록도 전해져. 영화에서 화살 끝에 불을 붙이고 쏘는 장면을 보았을 거야. 그러면 반대편은 삽시간에 불바다가 되어 달아나야 했지. 이처럼 석유는 오래전부터 사용한 연료지만, 옛날에는 정제 기술이 없어서 땅에서 나온 기름을 모아 사용했을 뿐이야. 오늘날 정교한 기술과 설비를 이용해 마치 지하수처럼 펑펑 쏟아져 나오는 석유를 생산해 용도에 맞게 사용하는 것과는 크게 차이가 있었지.

석유가 주요 에너지원으로 사용되기 시작한 것은 19세기에 이르러서야. 1848년, 영국의 화학자였던 제임스 영은 원유에서 등유와 윤활유를 추출하는 방법을 알아내 특허를 획득했어. 또 펜실베니아 주 석유 회사에 고용된 에드윈 드레이크는 1859년 11월, 미국 펜실베이니아 주 오일 크리크Oil Creek, 석유가 흐르는 강 근처에서 지하 21미터를 파 석유를 뽑아냈지. 최초의 석유 시추(지층의 구조와 상태를 조사하거나 지하자원을 얻기 위해 땅속 깊이 구멍을 파는 일) 성공 사례이자 근대 석유산업의 시작을 알린 사건이었어.

이후 석유는 미국에서 석탄유coal oil라 불리며 연료로 많이 소비되었어. 존 데이비슨 록펠러는 미국 석유산업의 1인자야. 그는 1870년, '스탠더드'라는 석유 회사를 세우고 서른여덟의 나이에 미국 정유 산업의 95퍼센트, 세계 석유산업의 62퍼센트를 차지하며 큰 부와 명성을 떨쳤어. 세계 최고의 부를 소유한 마이크로소프트사의 빌 게이츠의 자산도 록펠러의 3분의 1밖에 안 된다는 이야기가 있을 정도야.

록펠러는 아버지의 사업 실패로 어릴 때부터 가장 역할을 해야 했어. 칠면조를 키워 팔기도 하고 사탕이나 감자를 팔기도 했지. 어릴 때부터 장사에 남다른 재주가 있었던 그는 열아홉 살 때 친구와 같이 곡물 중개 회사를 차려 큰 수익을 얻게 돼. 당시 미국은 남북전쟁 중이었기에 식량 유입이 원활하지 않았지. 그 틈을 놓치지 않고 소금과

존 데이비슨 록펠러

돼지고기를 팔아 더 큰 사업을 위한 발판을 마련했어.

19세기 중엽, 석유 시추가 한창인 때 록펠러는 석유 정제 사업에 눈을 돌렸어. 남들이 석유 채취 사업에 열을 올리고 있을 때, 그는 운송과 정유 사업을 하는 중간상들이 돈을 벌 것이라고 예상했어. 석유 시추 작업은 꼭 성공하리라는 보장이 없었기 때문이지. 또한 오일 열풍으로 공급과잉이 일어나면 석유 가격은 떨어지기 마련이지만, 정유는 검은 황금인 석유가 꼭 거쳐야 하는 공정 단계였기 때문에 석유 가격의 변동에 큰 영향을 받지 않을 수 있었어.

앞날을 내다본 그는 1863년 클리블랜드에 정유소를 세운 뒤 정유 사업을 시작했어. 이후 수익을 내 1870년 미국 최초의 주식회사인 '오하이오 스탠더드 석유 회사'를 설립했지. '스탠더드Standard'는 규격, 표준이라는 뜻이야. 불순물이 섞이면 폭발이 일어난다는 소문이 있었기 때문에 자기 회사의 정유는 전혀 불순물이 들어가지 않은 좋은 품질이라는 것을 알리기 위한 전략으로 지은 이름이야. 그는 정유 사업뿐만 아니라 운송, 저장 등 물류 쪽으로 사업을 확장해 미국 내 10퍼센트의 시장점유율을 확보했어. 여기에 만족하지 않고 1882년에 40여 개 독립적인 기업들을 인수 합병하면서 록펠러는 미국 내 정유소의 95퍼센트를 지배하는 '스탠더드 오일 트러스트'를 조직했어. 그는 '석유왕'이라 불리며 사람들이 선망하는 대상이 되었지.

하지만 그다음이 문제였어. 록펠러는 엄청난 자본을 바탕으로 석유 사업은 물론 생활 소비재 시장까지 손을 뻗쳤어. 1911년, 미국 연방 최고 재판소는 회사에 독점 금지법 위반이라는 판결을 내렸어. 그 뒤 록펠러는 자선사업가로서 변신을 꾀하지. 대학 설립 및 교육, 의학 등의 후원 사업을 펼침으로써 자신의 명성에 걸맞은 여생을 보내다 숨을 거두었어.

1-4차, 산업혁명은 왜 이렇게 많은 거예요?

요즘 텔레비전이나 신문을 보면 4차 산업혁명에 대한 이야기가 많이 나와. 우리는 석탄을 기반으로 한 1차 산업혁명을 배웠는데, 4차 산업혁명 시대가 곧 올 거라고 하니 2, 3차 산업혁명이 무엇인지 궁금하지? 먼저 산업혁명은 기계의 발명이나 기술의 혁신에 의해 일어난 산업의 변화가 사회적, 경제적으로 큰 영향을 주었을 때를 가리키는 말이야.

  1차 산업혁명은 석탄과 철을 주원료로 영국에서 시작된 기계화 산업을 말해. 이전에는 사람이 직접 손으로 물건을 제작해 공급하는 수공업 중심이었다면, 산업혁명 시대에는 면직물이나 제철 공업 등이 생산 설비의 기계화로 대량생산이 가능해졌지. 2차 산업혁명은 1870년대 석유와 철강을 중심으로 미국이나 유럽에서 일어났어. 화학이나 전기 공업 등 이전과는 다른 분야가 산업 전반의 발전을 이끌었지.

  3차 산업혁명은 인터넷이 이끈 컴퓨터 정보화 혁명을 가리켜. 2차 산업혁명의 결과로 전화와 라디오, 텔레비전 등의 제품이 대량으로 생산되고 컴퓨터가 널리 보급되면서 수많은 서비스 산업이 새롭게 만들어졌지. 또한 석유를 동력으로 한 2차 산업혁명 과정에서 지구 환경오염 문제가 심각해져서 녹색 재생에너지에 대한 관심도 높아졌어. 이제는 화석 연료가 아닌 재생 가능한 에너지와 인터넷 네트워크 기술의 결합이 중요한 산업으로 새롭게 등장했어. 더 나아가 미래의 4차 산업혁명 시대에는 인공지능과 로봇 기술, 생명과학 등이 다음 세상을 주도해 나갈 거야. 실재와 가상이 통합돼 사물을 자동적, 지능적으로 제어할 수 있는 시스템이 구축되는 시대지. 어쩌면 로봇 때문에 인간은 일자리를 잃을 수도 있어. 하지만 지금까지 그랬던 것처럼 인간은 로봇이 하지 못하는 다른 일자리를 또 만들어 낼 수 있을 거야.

검은 황금을 둘러싼 전쟁

증기 기관차를 움직이는 원료였던 석탄은 점차 힘을 잃어 갔어. 대신 가솔린기관의 발명(1883년)과 디젤기관의 발명(1893년)으로 석유가 그 자리를 차지했지. 특히 자동차의 발전은 석유의 보급을 확대시켰어. 지금은 수소차나 전기차 개발과 생산에 몰두하지만 아직까지 대부분의 자동차는 석유의 힘을 빌리지 않으면 안 돼.

'자동차의 왕' 헨리 포드Henry Ford는 자동차 산업에 큰 업적을 남긴 인물이야. 그는 1903년에 포드 자동차 회사를 설립해 자동차를 대량생산함으로써 자동차의 대중화를 이끌었지. 자동차가 많아지자 연료로 쓰이는 휘발유의 수요도 급증하게 되었어. 휘발유와 디젤기관의 발명은 석유를 위한 최고의 발명품이었지.

석탄이 1차 산업혁명을 지탱했던 힘이었다면 석유는 제1, 2차 세계대전을 통해 자신의 존재 가치를 드러냈어. 영국의 정치가였던 커즌이 "제1차 세계대전의 연합국 승리는 석유의 파도를 탔기 때문이었다."고 말했을 정도였으니까. 그만큼 석유는 군수물자로서 위력을 발휘했어.

전쟁에 이기기 위해서는 다양한 무기가 있어야 해. 전쟁이라고 하면 총이나 탱크를 생각하지만 군함이나 전투기, 항공기가 전쟁의 승패를 좌우하는 강력한 무기지. 거대한 기계를 움직이려면 연료가 되는 석유가 반드시 필요했어. 군함을 움직이는 데 중유가 필요했고, 항공기를 움직이려면 제트연료가 필요했거든. 전쟁이 거듭될수록 엔진이 점차 소형화, 고속화되면서 디젤기관의 연료로 쓰이는 경유도 중요한 자원이 되었어. 세계대전은 석유 전쟁이라고 해도 과언이 아니야. 제2차 세계대전을 일으킨 전체주의 국가들의 진짜 목적도 석유 때문이었으니까. 그래서 석유를 '피를 부르는 연료'라고 부르기도 해.

헨리 포드

석유가 현대 산업의 중심 연료로 떠오르자 많은 나라들이 석유를 확보하기 위해 시험 시추에 들어갔어. 1950년대 중동 지역에서 세계 최대의 유전이 발견되면서 석유는 대량생산이 가능해졌고 값도 떨어졌어. 원유를 충분히 얻을 수 있는 중동 지역은 심지어 석유 가격이 물값보다 싼 경우도 있었지. 물론 사막이기 때문에 물이 귀해서 그렇지만 우리나라에서는 상상도 못할 일이야.

석유는 이른바 '검은 황금'으로 불리며 현대 에너지 혁명의 중심에

섰어. 석유가 없으면 세상은 돌아가지 않게 되었지. 강대국들이 검은 황금을 가만 놓아둘 리가 없었어. 석유를 둘러싼 무역 전쟁이 중동 지역에서 시작된 거야. 중동 지역 간의 석유 다툼도 치열했어. 강대국들은 그 기회를 틈타 유전을 차지하기 위한 전쟁을 일으켰지. 대표적인 것이 미국이 개입했던 걸프전과 이라크 전쟁이었어.

걸프 전쟁Gulf War은 1990년에 이라크가 쿠웨이트를 침공하면서 시작되었어. 1991년 미국과 영국을 비롯한 다국적군은 쿠웨이트를 해방시킨다는 명목 아래 전쟁에 개입했지. 쿠웨이트는 여섯 번째 석유 보유국이었기 때문에 미국 입장에서는 석유 통로를 보호하기 위

걸프전 당시 타 버린 원유 시추 시설

해 꼭 필요한 국가였던 거야. 이라크 전쟁Iraq War은 2003년 3월 미국 부시 대통령이 국제연합UN의 승인 없이 이라크를 침공한 사건이야. 미국은 2001년에 일어난 9·11테러 사건 이후 테러 단체인 알카에다를 지원하는 이라크를 '악의 축'이라고 규정했지. 대량 살상 무기를 보유하고 있는 이라크가 세계 평화를 위협하고 있다는 명분을 내세워 독재자 사담 후세인을 제거했어. 하지만 명분과 관련된 어떠한 증거도 발견하지 못했어. 미국의 목적은 이라크의 자유가 아니라, 이라크 지역의 원유를 확보하고 중동 지역에 미국의 영향력을 높이기 위한 속셈이었던 거야.

석유 메이저 회사와 OPEC의 등장

미국 프로 야구를 보면 메이저리그가 있어. 야구를 제일 잘하는 세계 최고의 선수들이 모여서 치르는 리그이지. 세계 석유산업에도 '메이저'로 불리는 기업들이 있었어. 바로 미국의 엑슨모빌, 걸프, 영국의 브리티시 석유 등의 회사들이야. 이들 회사는 '세븐 시스터즈칠공주'로 불리면서 거대한 자본을 바탕으로 '유전 개발-생산-정제-판매'의 모든 과정을 관리해 엄청난 돈을 벌었지. 다른 회사들이 발 들일 틈도 주지 않고 세계 석유산업을 독차지했어. 한때 중동 석유 생산의 99퍼센트를 장악할 정도였으니까.

석유 가격의 횡포도 일어났어. 1970년까지 원유의 가격은 배럴약 159리터당 1달러였지만 소비자들은 휘발유를 1리터당 1달러에 구입해야 했어. 원유를 생산하는 산유국들의 지분율도 형편없이 작았지. 화가 난 중동 지역의 산유국들은 메이저 회사들에 맞설 대응 방법을 찾았어.

1944년, 사우디아라비아에서 초대형 유전이 발견되었어. 중동 지역은 석유 산지로 급부상했지만 메이저 회사들은 자신들의 배만 채웠어. 메이저 석유 회사들의 횡포에 맞서 1960년 석유수출국기구 OPEC가 만들어졌지. 사우디아라비아, 이란, 이라크, 쿠웨이트, 베네수엘라 등 산유국들은 메이저 회사들의 영향력에서 벗어나 목소리를 내기 시작했어. 이 단체가 석유에 대한 주도권을 가져오면서 메이저 회사들의 생산량은 13퍼센트로 줄어들었지.

중동전쟁으로 인한 석유 파동

석유는 세계 경제를 두 번 크게 흔들어 놓았어. 1차 파동은 1973년에 일어난 제4차 중동전쟁 때문이었어. 시리아와 이집트가 미국의 지원을 받고 있었던 이스라엘을 기습 공격한 거야. 이전부터 중동 국가들과 이스라엘은 정치적, 종교적 문제로 전쟁이 잦았어. 중동 국가들은 미국이 이스라엘에 무기를 지원하자 즉각 석유 무기화 정책을 꺼내 들었어. 석유 생산을 줄이고 석유 수출가를 70퍼센트 인상하면서, 이스라엘을 지원하는 국가들에 대해 석유 수출을 금지한다는 내용이었지. 석유 값은 천정부지로 솟았고 세계 경제는 한순간에 무너졌어. 미국의 중재로 전쟁은 일단락되었지만 미국은 베트남 전쟁에 이어 다시 한 번 자존심을 구겼지.

2차 석유파동은 이란의 이슬람 혁명으로 석유 생산과 수출이 중단되면서 발생했어. 이란의 이슬람 지도자 호메이니가 팔레비 왕조의 왕을 쫓아내고 혁명을 일으킨 거야. 이란은 세계 2위의 석유 수출국이었기에 국제 유가는 다시 출렁거렸지.

두 번의 위기가 꼭 나쁜 것만은 아니었어. 각 국가들은 석유에 대한 의존도를 줄여야겠다고 생각했으니까. 그리고 석유를 대체할 새로운 에너지를 찾아야 한다는 인식을 갖게 되었어. 그 사이 메이저 회사들은 발 빠르게 움직였고, 에너지 전체를 다루는 산업 회사로 탈바꿈했지.

우리나라의 석유 탐사와 개발

두 차례에 걸쳐 일어난 석유파동은 우리나라에도 끔찍한 경험이었어. 유가 폭등은 우리 경제에 큰 타격을 입혔고 석유 에너지가 왜 중요한지를 인식하는 계기가 되었어. 그래서 1979년, 석유의 안정적인 공급을 위해 한국석유공사 KNOC가 설립되었지. 울산, 여수 등에 석유 비축 기지를 마련하고 총 146백만 배럴의 석유를 저장하고 있어.

한국석유공사는 석유탐사 및 개발 사업에도 참여해 석유 공급 위기 상황에 대비하고 있어. 에너지가 없으면 경제 위기가 닥칠 뿐만 아니라 국민들이 불안해하기 때문이지. 에너지 안보가 중요하게 부각되는 상황에서 이제 석유는 경제 산업에만 영향을 미치는 것이 아니라 국가 안보에도 중요한 자원이 되었어.

국내 중공업 회사가 만든 유전 개발 사업 설비

석유를 둘러싼 치킨 게임

'치킨 게임'이라는 말을 아니? 겁쟁이 게임이라고도 하지. 차 두 대가 각자 반대편 도로에서 달려오다 마주쳐 부딪치는 상황이 되었을 때 먼저 피하는 사람이 지는 게임이야. 아주 위험한 상황이 발생할 수도 있고 승자가 없을 수도 있어. 석유를 둘러싼 국제 정세에도 이 상황이 적용될 때가 종종 발생해.

그 출발점은 미국의 셰일 혁명에서 시작해. 셰일은 퇴적층의 한 부분이야. 석유 최대 소비국인 미국은 중동 지역에 대한 의존도를 줄이고 자체적으로 석유를 대체할 에너지를 찾고 있었어. 미국 셰일 업계는 셰일층에서 가스와 석유를 추출해 그 해답을 찾아냈어. 다른 나라들도 셰일 오일을 보유하고 있지만 기술력과 비용면에서 미국이 앞서고 있지.

중동을 비롯해 러시아, 베네수엘라, 나이지리아 등 산유국들은 비상이 걸렸어. 셰일 석유가 시장에 많이 나오면 유가가 계속 떨어질 것이 뻔했거든. 산유국들은 석유 생산을 줄이기로 결정하고 유가 안정화에 힘썼어. 그런데 세계 최대 산유국인 사우디아라비아가 약속을 어기고 석유 생산량을 더 늘렸어. 사우디아라비아는 미국의 셰일 업계와 석유 경쟁국들을 물리칠 수 있는 좋은 기회라고 생각했던 거지. 다른 산유국과 미국 셰일 업계는 큰 타격을 입었어. 하지만 석유 값을 떨어뜨리면 자신들만 살아남을 거라고 생각했던 야심찬 계획은 물거품이 되었어. 석유 값이 떨어지면 석유 재정 의존도가 높은 사우디아라비아도 좋을 리가 없었던 거지. 결국 사우디아라비아는 국가 재정이 악화되는 위기에 처해 국채까지 발행해야 하는 사태에 이르렀어. 제 꾀에 자기가 넘어간 꼴이 되었지. 이처럼 석유를 둘러싼 치킨 게임은 아직도 현재진행형이야.

석유가 일으키는 환경문제

지구온난화는 세계인들이 가장 심각하게 받아들이는 환경문제야. 석유나 석탄을 비롯한 화석연료는 우리에게 편리함을 제공해 주기도 했지만 환경오염을 일으켜 우리가 살아가는 지구를 위협하고 있어.

문제는 석유를 뽑아낼 때도 환경 파괴 현상이 일어나고 있다는 거야. 흙 속에 포함된 석유인 오일 샌드Oil Sand의 경우에 석유를 추출할 때 각종 화학 제품을 섞은 증기가 땅속으로 침투해 지하수를 오염시켜. 물은 정화되지 않고 무단 방류되어 다시 우리에게 피해가 돌아오지. 셰일 가스와 석유도 마찬가지야. 송유관이나 파이프라인을 제대로 설치하지 않으면 가스나 석유가 새어서 해로운 물질이

땅속에서 대량으로 퍼질 수가 있어. 이 모든 문제를 석유의 탓만으로 돌릴 수는 없어. 안전과 환경문제는 외면한 채 돈만 벌려는 기업들과 석유 자원을 무분별하게 사용하는 우리의 잘못도 크기 때문이지.

휘발유(가솔린)와 경유(디젤)는 어떻게 다를까?

자동차를 처음 산 사람들이 주유소에 처음 갔을 때 헷갈리는 것이 있어. 휘발유를 넣어야 할까, 경유를 넣어야 할까 하는 문제지. 그럴 때는 어떻게 하는 것이 좋을까? 주유소 직원한테 물어보면 제일 잘 가르쳐 주니까 걱정할 필요는 없어. 그런데 석유는 왜 이렇게 이름이 많은 걸까?

　정제되지 않은 석유를 우리는 '원유'라고 불러. 원유에는 불순물이 들어가 있어서 순수한 액체를 얻기 위해 정제하는 과정을 거치지. 그것을 증류라고 해. 원유는 휘발성이 있기 때문에 분별 증류를 하는데 끓는점의 범위에 따라 그 명칭이나 쓰임이 달라.

　휘발유揮發油, Gasoline는 석유제품 중 가장 널리 알려진 제품으로 가솔린이라고도 해. 끓는점의 범위가 약 30-200도 정도인 액체 상태의 석유이지. 휘발유는 상온에서 증발하기 쉽기 때문에 붙여진 이름이야. 인화성이 좋아 공기와 혼합되면 폭발성을 지니지. 주로 가솔린기관의 연료로 자동차, 공업, 항공 등에 널리 쓰이고 있어.

　경유輕油는 끓는점의 범위가 220-250도인 석유를 말하지. 가벼울 경輕을 쓰는 이유는 중유重油에 비해 상대적으로 밀도가 낮기 때문에 붙여진 이름이야. 탄화수소의 혼합물로 주로 디젤기관의 연료로 쓰여. 그래서 디젤 오일Diesel oil이라고도 하지.

　참고로 등유燈油는 끓는점의 범위가 150-240도인 석유로, 이름에서 알 수 있듯이 등을 켤 때 사용된 기름이야. 옛날에는 석유라고 하면 보통 등유를 가리켰어. 중유重油는 끓는점이 350도 이상인 기름으로 다른 것에 비해 증발하기가 어렵지. 주로 화력발전용으로 쓰여.

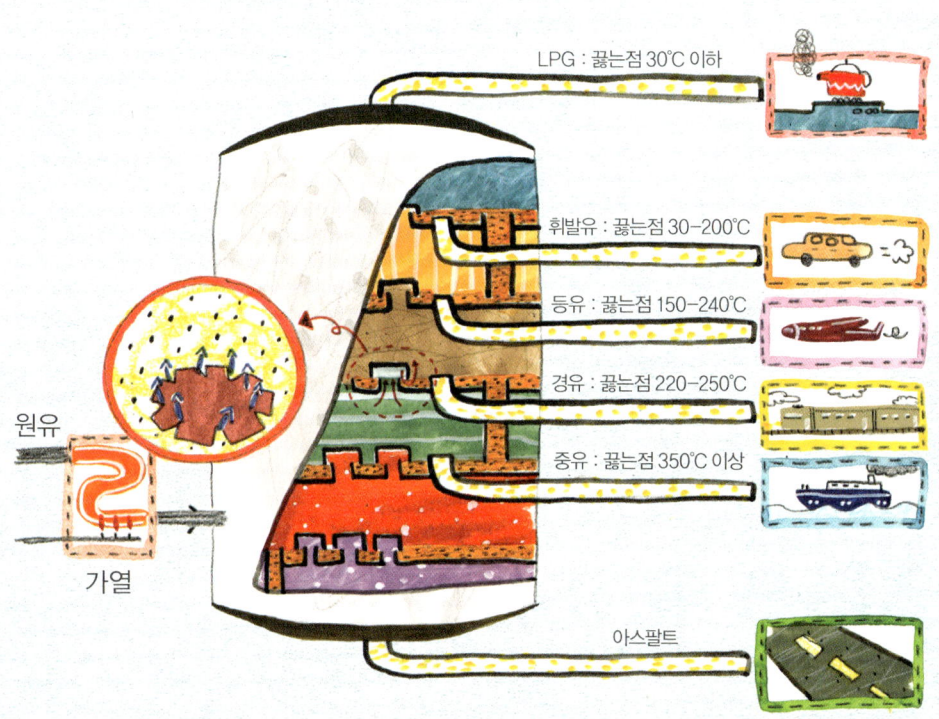

4. 자본의 가치척도가 된 화폐

화폐의 등장

'황금만능주의'라는 말 들어 봤니? 황금이면 안 되는 것이 없다는 뜻이야. 여기서 황금은 '돈'을 의미하지. 세계는 지금 돈과의 전쟁을 벌이고 있어. 오늘날은 경제 강국이 곧 세계 강국으로 인식되지. 경제 강국이 되면 그 나라의 돈이 행사하는 영향력도 강해져서 무역을 할 때 국제통화로 사용돼. 미국 달러가 국제통화로 사용하는 이유도 미국의 국력이 강하기 때문이야. 이처럼 화폐의 세계사를 알면 세계 경제의 흐름을 이해하는 데 도움이 돼.

우리는 물건을 구입하고 그 대가로 돈을 지불하지. 돈은 그 상품의 가치를 나타내는 척도가 됐어. 그럼 돈이 생겨나기 전에는 사람들이 어떻게 물건을 사고팔았을까? 물건을 사고 그에 합당한 물건을 다시 주는 물물교환의 방식을 택했어. 자신이 필요한 것을 서로 교환하는 방식이었지.

하지만 문제가 생겼어. 생활 방식이 변하고 생활 범위가 점점 넓어지면서 물건을 직접 교환하는 방식이 어렵고 번거로운 일이 되어 버렸어. 가까운 거리라면 필요한 물건을 맞바꿀 수 있었지만 먼 거리에서는 불가능했던 거야. 휴대하기 편하고 상품의 가치를 나타낼 수 있는 기준이 필요했지. 좀 더 편리하게 물건을 살 수 있는 대체 수단이 필요했던 거야. 이것을 통화通貨라고 해. 통화는 유통 화폐의 준말이야. 우리가 돈이라고 말하는 화폐는 이렇게 탄생했어.

처음에는 지금처럼 가지고 다니는 동전이나 지폐 같은 것이 아니었어. 생활에 쓰이는 물건이나 자연에 있는 물건을 화폐의 개념으로 사용했지. 이러한 '물품화폐'는 지역이나 생활 방식에 따라 차이가 있었어. 농경 생활을 하는 곳에서는 쌀이나 밀, 유목 생활을 하는 곳에서는 소나 양 같은 가축, 로마에서는 소금을 병사들에게 급료로 주었어. 당시에는 소금이 정말 귀한 물품이었거든. 주로 우리 주변에서 손쉽게 구할 수 있는 조개, 돌, 나뭇잎, 깃털이 화폐 역할을 하기도 했어. 하지만 물품화폐도 문제가 생겼어. 동물들은 운반이 쉽지 않았고 소금은 물에 젖으면 녹아 버렸지.

시간이 지나 구리, 금, 은, 철 등의 금속이 화폐 역할을 대신하게 되었어. 지금처럼 모양을 만들어 사용한 것이 아니라 가치만 나타내는 기준으로 '금속화폐'를 사용했어. 하지만 금속화폐는 사용할 때마다 무게를 달아야 했고 철은 녹슬어서 불편했지. 다시 일정한 무게와 모양으로 만들어 사용할 화폐가 필요했어. 금속을 녹인 '주조화폐'가 등장했지. 고대 그리스 역사가 헤로도토스에 의하면 소아시아의 리디아에서 납작한 금속에 그림을 그려 넣은 동전이 있었다고 전해져. 실제 사르디스 유적에서 기원전 670년경에 주조된 금화가 발견되었지.

고대 로마 시대에는 모네타 신전에서 돈을 만들었어. 우리가 돈을 영어로 '머니Money'라고 하는 이유도 '모네타(Moneta, 그리스 로마 신화에 나오는 경고의 여신. 나중에 모네타 신전은 국가 재정을 수호하는 조폐소가 되었음.)'라는 말이 변해서 된 거야. 당시에도 금은 귀한 금속이었기에 주로 은이나 동으로 만든 돈이 유통되었어. 중국에서도 청동기 문명이 발달한 은나라, 주나라 시대에 주조화폐가 있었어. 철제 농기구인 괭이나 쟁기를 본떠 만든 포화, 작은 칼을 원형으로 만든 도화, 물고기 모양의 어화 등이 통화 수단으로 쓰였지.

그런데 주조화폐도 금속으로 만들어졌기 때문에 많은 양을 가지고 다니기 불편했어. 그래서 나온 화폐가 바로 종이 돈인 '지폐'야.

요즘은 현금을 사용하는 것보다 '신용카드'를 더 많이 사용해. 카드 하나만 있으면 어디에서든 사용할 수 있어 편리하지. 휴대전화와 인터넷이 발달하면서 '전자화폐'도 등장했어. 휴대전화와 신용카드를 결합한 모바일 카드, 그리고 '가상 화폐'라고 하는 비트코인도 인터넷에서 결제가 가능하도록 되었어.

세계 통화, 미국의 달러

세계적으로 가장 가치 있는 통화는 미국의 달러야. 미국이 아닌 몇몇 다른 나라에서도 미국 달러를 사용하고 있지. 달러는 무역을 하고 난 뒤의 대금을 치를 때 사용하는 국제 거래의 지불수단이 되었어. 각 나라의 통화 교환 기준으로, 외화 준비 등에 사용되는 세계 통화라 할 수 있지. 달러가 사용되는 이유는 미국의 신용도가 높기 때문이야. 미국은 무역이나 국제금융 거래에서 가장 높은 신용을 자랑하지. 달러는 미국을 상징하는 브랜드가 되었어.

미국 달러

달러가 강해진 이유는 세계대전과 밀접한 관련이 있어. 세계대전은 금본위제를 택하고 있던 많은 나라에 타격을 주었지. 전쟁으로 금이 유출된 거야. 당시 영국은 채무를 많이 지고 있었기 때문에 금을 대체할 다른 국제 통화인 방코르를 발행해 경제 주도권을 잡으려 했어. 하지만 미국의 반대로 무산됐지. 이후 미국은 연합국에 군수물자를 제공해 주면서 세계 금의 60퍼센트를 확보해. 영국의 파운드는 힘이 약해졌고 미국의 달러는 세계 경제의 국제통화로 부각되었어.

제2차 세계대전이 끝나갈 무렵인 1944년 7월, 세계는 경제 체제를 논의하기 위해 미국 뉴햄프셔에 모였어. 이 회의에서 금 1온스 28.35g에 35달러라는 교환 비율이 정해졌어. 달러를 중심으로 각 나라의 고정 교환 비율이 정해진 거야. 그리고 시세를 감독하는 국제통화기금IMF과 세계은행이 설립되었지.

쩐의 전쟁, 환율

'쩐'은 동전을 줄여서 하는 말로 돈을 의미해. 화폐의 단위는 나라마다 다르지. 우리나라 화폐 단위는 '원', 미국은 '달러', 일본은 '엔', 중국은 '위안', 영국은 '파운드', 유럽 대부분의 나라는 '유로'를 사용하고 있어.

해외여행을 할 때 우리나라 돈과 그 나라의 돈을 바꿔서 가지. 이것을 '환전exchange'이라고 해. 그때 적용되는 비율은 나라마다 다른데 그것을 '환율'이라고 하지. 환율을 정하는 방법은 두 가지야. 하나는 고정환율제이고 다른 하나는 변동환율제야. 고정환율제는 각 나라의 돈의 가치를 일정 범위에 묶어 두고 고정시키는 거야. 반대로 변동환율제는 외환시장의 상황에 따라 자유롭게 바꾸도록 하는 제도지. 우리나라는 변동환율제를 채택하고 있어.

환율이 중요한 이유는 무역에 영향을 미치기 때문이야. 예를 들어 1달러가 1천 원에서 2천 원으로 오르면 수입하는 사람과 수출하는 사람 중에 누가 더 유리할까? 수입하는 사람은 2천 원일 때 달러의 가치가 높아진 상태니까 물건을 더 비싼 값에 사야해. 당연히 손해를 보겠지. 반면에 수출하는 사람은 물건을 더 비싸게 팔 수 있기 때문에 유리해.

환율도 물건의 가격을 정하는 수요공급의 법칙과 비슷해. 우리나라가 보유한 외국 돈이 많아지면 환율이 내려가고, 외국 돈이 적어지면 환율이 올라가지. 환율은 외국 돈을 사고파는 외환시장에서 결정이 된단다.

금본위제의 화폐제도

금을 화폐로 이용한 역사는 오래되었어. 최초의 주화는 기원전 7세기 리디아에서 만든 '일렉트럼'이야. 금 75퍼센트, 은 25퍼센트의 천연 합금으로 만들었지. 이후 고대 그리스를 비롯한 여러 나라들이 동전이 유용하다는 것을 알고 만들기 시작했어.

18세기 영국은 금과 은을 모두 통화로 사용했어. 금의 가치가 너무 높아졌기 때문에 은화로 통화량을 보완한 거지. 그런데 당시 영국은 중국과의 차 무역에서 적자를 기록하고 있었어. 중국은 은본위제를 실시하고 있었기 때문에 영국의 은이 대량으로 중국으로 건너갔고 은 가격도 오르기 시작했어. 어쩔 수 없이 영국은 1819년 금본위제를 채택할 수밖에 없었지.

1914년, 제1차 세계대전을 계기로 금본위제를 탈퇴하는 나라가 생겨났어. 전쟁을 하려면 돈이 필요했던 거야. 영국은 물론 많은 나라가 돈을 더 많이 찍어 냈지. 통화량이 증가하자 화폐 가치가 하락했고 모든 상품과 서비스 물가가 전반적으로 꾸준히 오르는 인플레이션 현상이 일어났어.

전쟁이 끝난 이듬해인 1919년, 미국은 금본위제로 복귀를 선언했어. 금본위제는 보유한 금의 양에 따라 화폐를 찍고 중앙은행은 화폐를 금으로 바꾸어 주는 시스템이야. 미국이 세계 금 보유량의

4분의 3을 가지면서 경제 강국으로 올라섰기 때문에 가능했던 일이야. 영국은 통화 지출을 줄이며 파운드의 가치를 끌어올리기 위해 애썼어. 하지만 이번에는 상품과 서비스 물가가 전반적으로 하락하는 디플레이션 현상을 겪게 됐고 1920년대를 경기 침체로 보낼 수밖에 없었어.

주가 하락에서 시작된 세계 대공황

1929년 10월 24일, 뉴욕 주식거래소에서 시작된 주가 하락은 세계 대공황이라는 공포를 가져왔어. 미국의 금융, 언론 정보를 제공하는 업체인 다우존스 사가 매일 발표하는 뉴욕 주식시장의 평균 주가인 미국 다우지수가 89퍼센트나 폭락했지. '검은 목요일'로 불리는 이날의 원인은 상품의 과잉생산이었어.

 제1차 세계대전으로 돈을 많이 벌어들인 미국은 경제적인 번영을 누리고 있는 것처럼 보였어. 하지만 공장에서 생산된 상품이 팔리지 않아 창고에 쌓여가는 중이었지. 폐업하는 공장이 늘어났고, 사람들도 일자리를 잃게 되었어. 주가 폭락은 회사와 은행의 도산으로 이어졌지.

 미국의 극심한 경제공황은 다른 나라에도 영향을 미쳤어. 과잉

생산된 상품이 들어오는 것을 막기 위해 각 나라는 외국 상품 수입에 반대하는 정책을 폈지. 1932년, 세계 무역 총량이 반 이상 줄었어. 대외무역 적자에 허덕이던 영국은 금본위제를 포기하면서 파운드 평가절하(자국 통화의 가치가 상대적으로 떨어지는 것)를 단행했어. 1933년, 미국도 통화량 확대를 위해 금본위제에서 멀어졌지. 하지만 경쟁적으로 통화를 평가절하하는 바람에 세계 경제는 더 심각한 상황에 이르게 되었어.

대공황 탈출을 위한 뉴딜 정책

1933년 취임한 미국의 루즈벨트 대통령은 금융 신뢰 회복 정책을 포함한 계획을 발표했어. 그 가운데는 금본위제 정지와 모든 금을 온스당 20.67달러에 회수하기 위한 행정명령, 금가격을 올림으로써 달러의 평가절하를 단행한다는 내용이 포함되어 있었지. 수출 경쟁력

프랭클린 루즈벨트

확보와 시중 통화량 증대를 동시에 노리는 정책이었어. '미국인을 위한 새로운 정책', 즉 '뉴딜New Deal'이라고 부르며 대공황 탈출을 위해 노력했어.

미국 건국 후 이어오던 금본위제는 결국 폐지되었어. 대신 국가 간의 대외 거래에만 금을 사용하는 '금환본위제'를 채택했어. 미국의 연방준비제도이사회는 정부의 국채를 담보로 달러를 찍어 경기 부양 정책을 폈지. 정부가 관리하는 통화 정책이 시작된 거야. 통화량이 늘어나면서 소비와 투자가 되살아나기 시작했어.

얼마 지나지 않아 금 가격을 온스당 35달러로 고정시켰어. 달러 가치는 3개월 만에 69퍼센트 떨어졌지. 미국은 영국에 비해 수출 가격에서 유리한 고지에 올랐지만 주변국들은 더 심한 경제적 고통을 겪어야 했어. 1944년 미국은 브레튼우즈 체제를 통해 국제통화기금을 창설하고 파운드 대신 달러가 국제 결제 수단이 되도록 힘을 썼지. 이때부터 달러는 세계 통화 수단으로 인정받으며 미국이 경제 강국임을 드러냈어. 국제통화기금 가맹국들은 달러에 대한 자국 통화의 환율을 고정 평가의 1퍼센트 안에서 유지시켜야 했어.

고정 평가제는 미국이 35달러에 금 1온스를 교환해주겠다는 약속을 전제로 하고 있어. 즉 달러의 가치는 금에 고정되고 다른 나라의 통화는 달러에 연결되어 있는 거지. 미국이 많은 양의 금을 보유했을 때만 유지되는 것이 금환본위제인 거야. 결국 국가들은 자국 통화를 평가절하시킴으로써 수출 전쟁에서 이기려고 해. 환율 전쟁이 일어나는 이유지.

닉슨 쇼크와 석유 달러의 탄생

1971년의 닉슨 쇼크는 전 세계를 충격과 혼란에 빠뜨렸어. 닉슨 대통령이 달러와 금을 교환하는 금태환 정지를 단행한 거야. 더불어 국내 물가를 통제하고 수입품에 대한 높은 과징금을 부과하는 등의 긴급 성명을 발표하지. 미국 스스로가 금환본위제의 약속을 어기는 것이었어. 이유는 달러의 신뢰를 회복하기 위한 것이었지. 그토록 잘나가던 미국 경제가 다시 어려워진 이유는 무엇일까?

1960년대 미국은 린든 존슨 대통령의 '위대한 사회' 정책으로 복지 수요가 늘어났어. 그리고 1960년에서 1975년까지 이어진 베트남전쟁은 미국의 군사비를 갉아먹음으로써 재정적인 위기를 불러 왔지. 국가 빚은 늘어났고 재정 적자가 발생했어. 미국은 달러를 더 많이 찍어 낼 수밖에 없었지. 금 보유액의 570퍼센트나 되는 달러가 시장에 풀렸어. 달러에 대한 신뢰는 무너졌고 많은 국가나 경제 주체들이 달러를 팔고 금을 사들이기 시작했어.

리처드 닉슨

미국의 닉슨 대통령은 위기를 타개하기 위해 일방적으로 금환본위제를 파기할 수밖에 없었어. 그리고 달러 본위제로의 변신을 꾀하지. 금 1온스당 가격을 35달러에서 38달러로 올린 거야. 금이 아닌 달러화에 대한 고정환율제를 실시했지. 결국 달러 가치가 낮아진 대신 독일의 마르크화와 일본의 엔화 가치는 높아졌어. 미국은 달러 가치를 하락시킴으로써 대외 빚이 실질적으로 감소하는 효과를 노린 거지. 달러의 지위를 유지하면서 자신들에게 이익이 되는 방법을 강요했던 거야.

이후 달러 통화량은 더 늘어나서 장기 인플레이션 현상이 일어났어. 금값은 오르고 달러 가치는 점점 추락했지. 1975년, 포드 대통령이 민간인 금 소유 제한을 풀자 금값은 하늘 높은 줄 모르고 올라 1980년 1월에는 1온스당 800달러를 기록했지. 10년 동안 23배나 상승한 거야.

달러 가치가 하락할 때 구원의 손길을 내민 나라들이 있었어. 석유를 생산하는 중동 국가들이었지. 구원의 손길이었다기보다는 미국의 계략이 있었어. 사우디아라비아를 방문한 미국의 키신저 국무장관이 사우디아라비아 왕실의 안전 보장과 군사적 보호를 명목으로 석유 대금을 달러로만 받을 것을 제안한 거야. 1975년, 사우디아라비아를 중심으로 석유수출국기구OPEC 회원국들은 석유의 수출 대금을 달러로만 받기로 합의했지. 달러가 국제 유가의 표준이 되는 순간이었어. 미국으로서는 천군만마를 얻은 셈이었지.

미국과 중동 국가들의 거래로 달러는 무역 거래 통화로서 위상이 높아졌어. 석유는 모든 나라들이 필요로 하는 자원이었고 세계 무역량 1위를 차지하고 있는 상품이었지. 달러에 대한 수요가 늘어남으로써 미국은 세계 금융의 주도권을 다시 잡게 되었어.

온라인 가상 화폐

가상 화폐는 지폐나 동전과 달리 실물 형태가 없고 온라인에서 거래되기 때문에 '디지털 화폐'라고 해. 암호화된 기술을 적용해서 암호화폐라고도 불리지. 비트코인Bitcoin은 온라인 가상 화폐 중 하나로, 사토키 나카모토라는 일본 프로그래머가 2009년에 개발해 세상에 선보였어. 'P2P 전자화폐 시스템Peer to Peer Electronic Cash System'의

암호화된 기술로 개인 간의 결제, 애플리케이션, 비즈니스로 확대되어 사용하고 있지.

2014년, '마운트곡스'라는 가상 화폐 최대 거래소가 해킹을 당해 회사와 고객의 돈 5억 달러가 사라져 버렸어. 회사는 법원에 파산 신청을 했는데, 조사 결과 내부 비리로 누군가 돈을 빼낸 것으로 밝혀졌어. 사람들은 온라인 가상 화폐에 대한 안전성에 문제를 제기했지.

가상 화폐의 장점은 '탈중심화'에 있어. 지금의 화폐제도는 각 나라의 중앙은행에서 통제를 하지만 가상 화폐의 경우 이를 통제하는 중앙 본부가 없어. 개인화되어 가는 세상에서 중앙의 통제 없이 자유롭게 사용 가능한 결제 수단인 거야. 예를 들어 외국 사이트에 들어가 제품을 사려고 인터넷 주문을 했어. 신용카드로 결제했을 때는 카드사, 은행 간의 거래를 통해 수수료를 내야만 하지. 그런데 가상화폐는 카드사나 은행에 지불하는 수수료 없이 제품을 살 수 있어. 편리함과 이익 등 효용가치가 높은 화폐인 거야.

비트 코인

2019년 일본에서 열린 주요 20개국(G20) 재무장관 회의에서도 가상 화폐가 금융 시스템과 경제에 긍정적 영향을 미친다는 성명을 발표했어. 가상 화폐가 정부의 화폐 통제에서 벗어날 수 있음에도 전 세계는 그 영향력을 인정하는 분위기야.

하지만 가상 화폐의 해킹 위험성에 대한 불안은 여전히 해소되지 않고 있어. 소비자와 투자자를 보호할 수 있는 안전장치 마련이 시급한 문제로 떠올랐지. 또한 가상 화폐를 이용한 자금 세탁이나 투기, 테러 자금을 조달하는 데 가상 화폐가 이용된다는 사실이 알려지면서 그것을 방지할 방법도 큰 걱정거리로 남게 되었지.

가상 화폐가 우리 생활 속 통화로 사용되기까지는 해결해야 할 문제가 아주 많아. 가상 화폐가 아직 완성 형태의 시스템은 아니지만, 여러 나라와 기업에서 가상 화폐의 사용을 확대하고 있는 건 사실이야. 대안 자산으로서 금을 대체할 것이라고 보는 견해도 있어. 금처럼 자원이 한정되어 있으며 가치 저장 수단의 역할을 하고 있기 때문이지. 실물인 금보다 더 쉽게 거래될 수 있다는 장점도 있어.

우리나라 최초의 돈은 무엇일까?

기원전 957년 기자 조선 때, 철로 만든 화폐인 '자모전子母錢'이 있었다고 《동국사략》에 전해져. 기원전 109년에도 마한, 진한에서 철전을 사용했어. 그 뒤로 동옥저, 신라에서는 금과 은을 재료로 만든 무늬 없는 주화 '금은무문전'이 사용됐지. 하지만 안타깝게도 기록으로 전할 뿐 유물이 발견된 것은 아니야.

오늘날까지 유물로 남아 있는 가장 오래된 돈은 996년 고려 성종 때 만들어진 건원중보야. 건원중보는 원래 중국 당나라 숙종(759년) 때 주조된 엽전이야. 우리나라는 중국과 구별하기 위해 뒷면에 '동국東國' 자를 넣었지.

조선 숙종 때 만든 상평통보(1678년)는 전국적으로 사용된 최초의 화폐야. 구리와 주석의 합금으로 만들어진 이 엽전은 약 200년 동안 사용되면서 본격적인 화폐 시대를 열었어. 상평통보의 둥그런 모양은 하늘을, 안에 있는 네모난 구멍은 땅을 본떠서 만들었다고 전해져.

나오는 말
서로 평등하게 교류할 수 있기를

'블랙 프라이데이black Friday'라는 말을 들어 본 적이 있니? 미국에서는 11월 마지막 목요일인 추수감사절 다음 날, 최대 규모의 쇼핑 시즌이 시작돼. 1년 중 매출 장부에 처음으로 적자red ink대신 흑자black ink를 기록한다고 해서 '검은 금요일'이라는 이름이 붙여졌지. 미국인뿐만 아니라 전 세계인들이 기다리고 있는 날이기도 해. 보통 때보다 할인율이 높아 마음에 두고 있던 상품들을 값싸게 살 수 있기 때문이지.

그런데 미국에 살지 않는 사람들이 어떻게 물건을 구입할 수 있을까? 멀리 가지 않고도 클릭 한 번이면 집으로 배달되는 세상이 펼쳐졌기 때문이야. 인터넷을 통한 온라인은 그곳에 가보지 않고도 직접 물건을 구매할 수 있는 시장을 마련해 줬어. 세계를 하나로 묶어 준 가장 큰 힘은 정보화였던 거야.

세계화는 우리 곳곳에서 펼쳐지고 있어. 우리가 먹는 음식, 우리가 걷는 거리, 우리가 사는 물건, 우리가 보는 매체 등 생활환경 모두가 세계화의 물결로 넘쳐나지. 세계화는 이제 우리의 일상이 되었어. '지구촌'이라는 말이 더욱 실감나는 현실이지. 하지만 세계 경제는 시시각각 무역 전쟁, 환율 전쟁이 벌어지고 있어. 각 나라들은 상황에 따라 자유무역, 혹은 보호무역을 내세워 자국 이익을 챙기려고 하지. 정치와 경제는 살아 있는 생물과 같다고 해. 그래서 상황에 따른 적절한 무역 조치가 그 나라의 경제 운명을 좌우하지.

앞에서 우리는 세계 상품의 역사를 읽으면서 인류의 밝고 어두운 시간을 함께 살펴봤어. 상품은 인간의 필요에 의해 존재하기도 했지만, 인간의 욕심이 더해지면 전쟁이라는 소용돌이 속에 휘말리기도 했지. 지금도 여전히 상품을 둘러싼 치열한 경쟁이 펼쳐지고 있어.

상품은 인류가 존재하는 한 '꺼지지 않는 촛불'과 같아. 지구상의 모든 나라가 서로 평등하게 교류할 수 있는 것이 우리 모두의 바람일 거야. 상품 무역의 미래가 어두운 길이 아닌 밝은 길로 다 함께 가기를 두 손 모아 기도하면서 이 글을 마칠게.

참고 문헌

강용혁, 《청소년을 위한 미래과학 교과서 – 신재생에너지》, 김영사, 2009.
공미라, 김애경, 최윤정, 《세계사 개념사전》, 아울북, 2009.
김동환, 배석, 《금속의 세계사》, 다산에듀, 2015.
김용만, 《세상을 바꾼 길》, 다른, 2012.
김희보, 《세계사 다이제스트 100》, 가람기획, 2010.
문현실, 《비즈》, 김영사, 2006.
문희수, 《보석, 보석 광물의 세계》, 자유아카데미, 2010.
박동운, 《마거릿 대처(시장경제로 영국병을 치유하다)》, 살림, 2007.
엄우흠, 《설탕》, 김영사, 2005.
오태민, 《비트코인은 강했다》, 케이디북스, 2017.
이진수, 《홍차 강의》, 이른아침, 2011.
이윤섭, 《다이아몬드는 영원히》, 이북스펍, 2015.
이윤섭, 《커피, 설탕, 차의 세계사》, 필맥, 2013.
장지현, 《키워드로 읽는 다짜고짜 세계사》, 미네르바, 2016.
전국역사교육모임, 《살아있는 세계사 교과서》, 휴머니스트, 2005.
최수근·최혜진, 《향신료 수첩》, 우듬지, 2012.
홍익희, 《세상을 바꾼 다섯 가지 상품 이야기》, 행성B잎새, 2015.
홍익희, 《하얀 황금, 소금의 경제사》, 유페이퍼, 2012.
홍익희, 《환율 전쟁 이야기》, 한스미디어, 2014.
가와키타 미노루, 장미화 옮김, 《설탕의 세계사》, 좋은책만들기, 2010.
귄터 바루디오, 최은아 옮김, 《악마의 눈물, 석유의 역사》, 뿌리와이파리, 2004.
마이클 우드·피터 퍼타도, 박누리 외 1명 옮김, 《죽기 전에 꼭 알아야 할 세계 역사 1001 Days》, 마로니에북스, 2009.
마크 애론슨·마리나 부드호스, 설배환 옮김, 《설탕, 세계사를 바꾸다》, 검둥소, 2013.
마크 쿨란스키, 안효상 옮김, 《소금, 세계사를 바꾸다》, 웅진, 2007.
사이토 다카시, 홍성민 옮김, 《세계사를 움직이는 다섯 가지 힘》, 뜨인돌, 2005.
새뮤얼 애드세드, 박영준 옮김, 《소금과 문명》, 지호, 2001.
에이자 레이든, 이가영 옮김, 《보석, 천 개의 유혹》, 다른, 2016.
잭 첼로너, 이사빈 옮김, 《죽기 전에 꼭 알아야 할 세상을 바꾼 발명품 1001》, 마로니에북스, 2010.
천위루, 양천, 하진이 옮김, 《금융으로 본 세계사(솔론의 개혁에서 글로벌 경제 위기까지)》, 시그마북스, 2014.
탕지옌광 엮음, 홍민경 옮김, 《일상의 유혹, 기호품의 역사》, 시그마북스, 2015.
프레드 차라, 강경이 옮김, 《향신료의 지구사》, 휴머니스트, 2014.
필립D. 커틴, 김병순 옮김, 《(경제인류학으로 본)세계무역의 역사》, 모티브북, 2007.
《패션전문자료사전》, 한국사전연구사, 1997.
김정수, 〈세계는 탈석탄 달려가는데… '석탄 파티'에 취한 한국〉, 한겨레신문, 2016. 07. 11.

추천사

학교에서 친구들을 만나다 보면 정말 많은 질문을 받게 됩니다.
"선생님 지금 커피 마셨어요? 그런데 커피는 누가 처음 마셨어요?"
"금은 왜 비싸요?"
"바닷물에 설탕 넣으면 맛이 있을까요?"
어떤 질문은 너무 어려워서 답을 못 할 때도 있어요.
"왜 그게 궁금할까?"
그런데 선생님이 정말 재미있고, 여러분들이 궁금해할 만한 이야기가
가득한 책을 찾았어요. 《상품 속 세계사》 바로 이 책이에요.
이 책에는 우리 친구들이 많이 물어 왔던 질문의 답들이 쏙쏙 들어 있어요.
선생님도 처음 알게 된 사실도 있고요, 또 알고는 있었지만
정리가 안 되었던 이야기를 한눈에 보기 쉽고, 재미있게 알려 주기도 해요.
그렇게 읽다 보면 금세 척척 박사가 될지도 몰라요.
우리가 매일 먹는 소금에 담겨 있는 이야기를 알고 나서 곰탕에 소금을 넣는 것과,
모르고 넣는 것은 천지 차이거든요. 우리 가까이에 있는 설탕,
소금에서부터 조금 멀리 떨어져 있는 다이아몬드와 석유까지,
그 안에 숨겨진 이야기들을 흥미진진하게 들려주고 있어요.
세상에는 수많은 상품들이 있어요. 그런 상품들이 우리 손에 오기까지의
놀라운 이야기 여행을 같이 떠나 보아요.

류호선(동화작가, 초등교사)

사진출처

*pixabay 29p, 35p, 37p, 43p, 54p, 58p, 74p, 84p, 86p, 87p, 88p, 90p, 91p, 93p, 98p, 99p, 130p, 140p, 144p, 145p, 148p, 200p, 210p
*Wikipedia 36p, 39p, 40p, 46p, 53p, 61p, 68p, 70p, 71p, 94p, 107p, 109p, 111p, 114p, 116p, 121p, 133p, 137p, 151p, 161p, 165p, 176p, 181p, 185p, 205p, 208p
*연합 뉴스 106p, 115p, 117p, 167p, 170p, 173p, 186p, 190p
*국립중앙박물관 135p